FRIEDRICH DOLDINGER

LEBEN MIT DEN WOCHENTAGEN

2. Auflage 4.–7. Tausend 1972
© Verlag Urachhaus Stuttgart
Kurt von Wistinghausen und Walter Junge
Alle Rechte vorbehalten
Druck: Union Druckerei GmbH Stuttgart
ISBN 3 87838 160 3

Friedrich Doldinger

LEBEN MIT
DEN WOCHENTAGEN

VERLAG URACHHAUS STUTTGART

In unsers Busens Reine wogt ein Streben,
sich einem Höhern, Reinern, Unbekannten
aus Dankbarkeit freiwillig hinzugeben,
enträtselnd sich den ewig Ungenannten;
wir heißen's: fromm sein! – ...
                    (Goethe, Trilogie der Leidenschaft)

Da nun eine Folge von konsequenten Augenblicken immer eine Art von Ewigkeit
selbst ist, so war Dir gegeben, im Vorüber-
gehenden stet, beständig zu sein und also
mir sowohl als Hegels Geist, insofern ich
ihn verstehe, völlig genug zu tun.
                    (Goethe an Zelter, 11. 3. 1832)

Übung ist alles, und insofern ist Genie
Charakter.   *(Christian Morgenstern)*

Inhalt

Die Siebentagewoche

I.

Die Einrichtung der Siebentage-Woche entstammt früheren Jahrtausenden. Die einzelnen Tage wurden nach göttlichen Wesen benannt. Als deren äußere Antlitze im Raumessein empfand man die Planeten; das innere Erleben ihrer Fähigkeiten wurde gepflegt in den ihnen gewidmeten Tempeln und den damit verbundenen Kulten.

In diesem Zusammenklang von geistdurchflutetem Weltenall und ebenso geistbewegtem Zeitengange konnte das Ich des Menschen heranwachsen. Sitten, Einrichtungen und Unternehmungen der Antike tragen das Gepräge des aus dem Bestimmtsein durch den

Kosmos allmählich zu sich selbst heranreifenden Ich, bis zu jenen willenshaften Auswüchsen der Persönlichkeitskraft, wie sie die Geschichtsschreibung z. B. von den Tyrannen der Alten, von den Verstiegenheiten der Cäsaren bis hin zu den mehr oder weniger gewalttätigen Genialitäten des Kondottieretums der Renaissance berichtet. Was in diesem Zeitraum der sich entfaltenden Mittelmeerkultur nicht Ausdruck der Persönlichkeit ist, trägt einen empfangenden und traditionellen Charakter und ist nach dem Zeugnisse der bedeutendsten damaligen Zeitgenossen ein Nachklang einer von den Urzeiten her überlieferten Weiheweisheit. Ihr entstammt letzten Endes auch die Einrichtung der Siebentagewoche.

In unserer Zeit ist dieser Nachklang bis zur teilweise ganz unverständlich gewordenen Bezeichnung der einzelnen Tage und der nur von wenigen mit wirklicher Herzensteilnahme gepflegten Kenntnis der Mythen der den Tagen entsprechenden einzelnen Götter verblaßt.

Man kann danach noch wissen, daß dem Sonntag die Sonne, dem Montag der Mond entsprach (französisch: Dimanche, aus lateinisch: Dies dominicus, Tag des Herrn; Lundi, aus lateinisch: Lunae dies, Tag der

Luna). Das Wort Dienstag ist ganz farblos geworden; im Alemannischen heißt es noch Zischdig, worin Ziu, der Kriegsgott der alten Germanen, nachklingt (französisch: Mardi, aus lateinisch: Martis dies, Tag des Mars). Ebenso blaß und wohl eine bewußt nichtssagende Erfindung der Christen, um einen wichtigen alten Götternamen vergessen zu lassen, ist Mittwoch (französisch: Mercredi, aus lateinisch: Mercurii dies, Tag des Merkur; englisch: Wednesday, der Tag des Wotan). Donnerstag erinnert wenigstens noch an Donar, den Donnerer, läßt aber die Empfindung des Königlichen, die ursprünglich diesem Tage zukommt, nicht genug deutlich werden (französisch: Jeudi, aus lateinisch: Jovis dies, der Tag des Jupiter). Auch dem Worte Freitag sieht und hört man nicht an, daß es den der Freya gewidmeten Tag meint (französisch: Vendredi, aus lateinisch: Veneris dies, der Tag der Venus). Samstag ist im Englischen noch Saturday, aus lateinisch: Saturni dies, Tag des Saturn.

So steht man gegenüber den Namen der Wochentage vor etwas, das dem Erleben kaum noch eine Nahrung gibt. Immerhin ist dieses farblose Wenige oder Nichts noch besser als jener zu törichtem Aberglauben gewordene Rest alter Weistümer, der anstatt die Beziehung höherer gestaltender Schicksalsmächte zu den Wochentagen und dem menschlichen Ich ahnen zu lassen, dieselbe in nebelhafte Furcht oder Glückshoffnung versteckt und verdumpft, indem zum Beispiel an einzelnen Tagen keine Reise angetreten werden, keine Hochzeit abgehalten, keine Arbeit abgeschlossen werden soll usw.

Stehen wir aber wirklich nur vor einem Trümmerhaufen? Oder liegen in dieser Sachlage vielleicht gegenwartsgültige Aufgaben und neue Möglichkeiten? Und wenn ja, wie könnten sie etwa in unserem Bewußtsein getragen werden?

II.

Durch den Christus, wirkend auf Erden in dem Menschenleibe des Jesus von Nazareth von der Jordantaufe bis zum Kreuzestode auf Golgatha und nachher in Geistesform die Erde umschwebend und als Seelenerlebnis die Menschen umgestaltend, ist auch für das Leben in den Zeitenrhythmen eine völlige Wende eingetreten. Fast alle Menschen, ob sie den Christus dem Namen und der Gedankenbildung nach

nennen und bekennen oder nicht, sind heute veranlagt zur kraftvollen Innerlichkeit und einem neuen
positiven, den heilenden Geist erfühlenden Erdbe-
wußtsein. Darüber darf die Tatsache nicht hinweg-
täuschen, daß seit dem Zeitalter der Entdeckungen,
Erfindungen und einer zunächst materialistisch beton-
ten Naturwissenschaft, Technik usw. über weite Kreise
eine sich steigernde Seelenverödung, Kraftlosigkeit,
Brutalität, Oberflächlichkeit und eine durch nichts zu
begründende Borniertheit sich ausgebreitet haben,
die alle oder einzeln wenigstens zeitweise den Menschen ergreifen. Das erste Jahrtausend, das auf das
Auftreten des Christentums in Europa folgt, bietet
das Bild einer gewaltigen Verinnerlichung der Seelen-
kräfte. Nachdem aber die Versuche der Ritterorden,
mit der mystischen Kraft der Innerlichkeit die äußere
Welt umzugestalten, zerbrochen wurden, mußte im
Interesse der Erringung der Freiheit die Veräußer-
lichung ihren Lauf nehmen. Sie schuf ein Stück weit
ein freies Erlebnisfeld gegenüber der hypnotischen
Versklavung der Seele von seiten der Kirche, die die
Innerlichkeit in institutionelle Verwaltung nahm und
das Gültige zu bestimmen wünschte. Der Auftrag des
Auferstandenen lautet nicht, in Gehorsam und Sicher-

heit einen festgelegten Weg des Heiles zu wandeln; sondern das Heil liegt umgekehrt darin, daß mit der vom höheren Ich des Menschen getragenen, durch Christus wieder und weiter quellenden Geistigkeit des Weltenlichtes nun aller gewordenen Welt die Kraft der Umgestaltung gebracht werde. Da gibt es keine gesicherten Wege, und Herzensträgheit und Vertrauenslosigkeit werden sie nicht finden und werden das Gewordene in den Banden der Finsternis, in die es geraten ist, gebunden lassen. In dem Drange der Neuzeit nach der Eroberung der sinnlichen Welt und in der damit verbundenen Freude am Wagnis und dem Angewiesensein auf Vertrauen und gute Einfälle liegt eine wichtige Vorbereitung zum Leben mit dem Auferstandenen. Werden nur erst einmal die freizügigen starken Kräfte geistwärts gewendet, so wird eine Kultur der Morgenröte und des frischen hellen Mutes entstehen; und niemand wird dann noch berechtigten Anlaß haben, das Christentum mit philisterhafter Seelenangst, dreistem Herrschaftsanspruche, egoistischem Seligkeitsbedürfnis, phantasieloser Buchstabenreiterei und ähnlichem zu verwechseln. Gewisse Völker erscheinen, durch das Wagnisreiche ihrer Geschichte, die reine Wärme gutartiger

Herzenskräfte und ein geistesmutiges Denken, wie urveranlagt, die Träger eines Christentums der Auferstehungsmächte zu sein. Eine solche Trägerschaft erfordert aber außer Mut und Herzensgenialität auch höchste Wachheit des einzelnen Menschen und ist in diesem Sinne jedem einzelnen auf der Erde heute lebenden Menschen aufgegeben. In einem Weltalter, das auf die griechische Kulturzeit folgt, ist diese Wachheit gegenüber dem Guten und Bösen dadurch erleichtert, daß das Denken als allgemeine Fähigkeit errungen ist oder leicht ausgebildet werden kann und der tatenfrohen Frommheit zu Hilfe kommt. Die griechische Kultur, die das Denken als menschliche Fähigkeit herangebildet hat, erweist sich damit als eine der bedeutsamsten Vorbereitungen zur Christus-Trägerschaft jedes einzelnen Menschen. Sokrates, Plato, Aristoteles sind die Vorläufer der Christgeburt im Menschen. Vorübergehend kann das Denken den Menschen der Welt entfremden. Ist ihm aber sein Selbsterlebnis und ein sicherer eigener Standort gegenüber der Welt durch das Denken geworden, dann reißt die eigene Erkraftung ihn über sich hinaus, der Wille braucht sich nicht mehr zu erschöpfen im Denken. Menschenliebe und Not werden das übrige tun, die Reise zur Wiedererringung der Unendlichkeit kann beginnen. Das Denken, das ihn zunächst in die Verengung und zur Eigenpersönlichkeit führte, wird als Kraft der Unterscheidung zum schützenden Freund beim nun beginnenden Weltenwagnis:

« Dich im Unendlichen zu finden,
mußt unterscheiden und dann verbinden » (Goethe).

So erst kann der Geist des Christus wirken: Was ihr von dem Gewordenen nicht umschafft, das bleibt in der Finsternis; was ihr aber kleidet in die Gewande des Auferstehungslichtes, das hebt sich mit euch in die Reiche der Himmel!

III.

Die vorchristlichen Zeiten konnten das Erbe der Ewigkeit fortpflanzen, vor Verfall und Verwilderung in der Zeitlichkeit zu schützen versuchen und Fähigkeiten, die in der entstandenen Gottesferne sich bildeten, entwickeln und läutern, auf daß sie die Erfüllung durch den Geist der Wandlung dereinst erführen. Der Mensch der nachchristlichen Zeit steht in der Freudigkeit, mit schöpferischer Kraft das Irdische in das Geistige umzuschaffen. Ist es wahr, wovon Goethe spricht, daß eine Folge von konsequenten Augenblicken immer eine Art von Ewigkeit selbst ist, so folgt daraus, daß der Mensch ein Ewigkeit-schaffendes Wesen sein kann, wenn er Folgen von konsequenten Augenblicken ergreift und pflegt. Goethe hat dies im höchsten Alter ausgesprochen zu seinem Freunde Zelter und meinte damit vor allem dessen musikalisches Schaffen, indem dasselbe im Hervorbringen der musikalischen Gebilde ein freies Umgehen mit dem innerlich Gesetzmäßigen der Welt der Töne, ein Leben in einer « Folge von konsequenten Augenblicken » enthält. Jedermann, der schon einmal in Wachheit und Behutsamkeit sich betrachtend einem Naturvorgang hingegeben hat, weiß, daß er an Frommheit schenkenden Götterschaffensmächten teilgenommen hat. Das wiederholende Nachschaffen dieses Erlebnisses in der Erinnerung kann zu einem stärkeren Teilnehmen an der Frommheit der Welt führen, während das Wiederholen einer erlittenen Infamie ganz andere Empfindungen erregt und die Welt des Bösen erkennen läßt. Der Dichter Joseph von Auffenberg schildert in seinem Drama « Alhambra» eine Stufenleiter übler Gesinnungen und Taten, die zur Verbindung mit der Hölle führen. Der Mensch kann da an einer guten oder bösen Ewigkeit teilnehmen. Würde er nur die Erkenntnis des Bösen pflegen, so könnte er durch diese Entlarvung der Absichten der bösen Mächte diesen letzteren zweifellos unangenehm aufliegen. Aber er müßte innerlich ausdörren. Der Streiter Gottes bedarf der Übung positiver Heileskräfte. Die Erkenntnis des Bösen in und um sich schadet dann nicht, wenn ihr im inneren Anschauen die Macht der Überwindung und Erlösung zugleich gegenübersteht. Noch Agrippa von Nettesheim (1486–1535) hat dargestellt, wie die im Raumes- und Zeitenleben erscheinenden Planeten der äußere Ausdruck von geistig Wesenhaftem sind; wie jeder einzelne ein Schauplatz eines Zusammen- und Gegeneinander-Wirkens einer guten leitenden Macht und einer bösen leitenden Macht ist. Er nennt die gute Macht die Intelligenz des Planeten, die böse dessen Dämon. Solche Anschauungen sind, in methodisch einwandfreier Weise, dem gegenwärtigen Menschen nicht ohne weiteres zugänglich. Doch können sie wichtige Anregungen werden, das Gute und das Böse in seiner mannigfach gegliederten Art wahrzunehmen und entsprechend damit umzugehen. Wem nicht gewiß ist, daß die inneren Kräfte der Planeten auf Erden und im Menschensein sich spiegeln, der lasse dies doch einfach dahingestellt und trage es als Frage in seinem Leben – wenn die Mitteilung sein Interesse erregt –, inwiefern es wohl so sein könnte. Die Verständigung des Bewußtseins mit sich selbst ist für ein gesundes inneres Leben dem Gegenwartsmenschen nötig, wenn er nicht dumpf und wirkensarm dahinvegetieren oder, was vielleicht noch schlimmer ist, ein – okkulter Kramladen werden will. Andrerseits schafft ein Leben mit Fragen einen Umkreis von Erfahrung und manche Vergleichsmöglichkeit, aus deren Abwägen dann im Laufe der Zeit vielleicht nicht immer allzu viele Sicherheiten, bestimmt aber eine lebendige und schöpferische Teilnahme an Welt und Leben folgt.

IV.

Manche Anhänger des traditionellen Christentums verhalten sich oft so, als ob sie eine dergestaltige, durch Fragen gepflegte Wachheit durchaus entbehren könnten, da in Christus ja alles enthalten sei. Zweierlei ist aber die Lebensfolge eines solchen Verhaltens: Es wird leicht übersehen oder gar scharf bekämpft, wenn nun in einem Menschen die Christuskraft selbst nach einer reich gegliederten Lebenskenntnis oder Pflege des Frommseins verlangt. Und übersehen wird, daß man Zugänge zu dem Christus, der die Fülle der Gottheit ist, zuschüttet, wenn man das Empfinden göttlicher Eigenschaften und deren Gegenteil in einem gegliederten Erlebnisfelde nicht dulden will.

Es muß allerdings eindeutig ausgesprochen werden, daß weder in den Evangelien noch in den erneuerten christlichen Sakramenten unmittelbar ein Auftrag enthalten ist, die Frommheit auch zu pflegen im Anschluß an die Wochentage. Man lasse den in Frieden, der von «alten Planetennamen» sich nichts verspricht, sondern lieber z. B. in der Pflege des Vaterunsers oder des Credo allein sich das für das Leben Notwendige entnimmt. Aber er möge auch die in Frieden lassen, die den Auftrag des Auferstandenen so verstehen, daß allem Vorhandenen ein Geistesneubeginn angesagt werden soll; oder die das Wort des Paulus: «Vermahnet euch mit Psalmen und Lobgesängen!» so verstehen, daß sie die Frommheit suchen z. B. im Lobpreis und in der Bewunderung all der Weisheit, die aus einem Leben mit den Wochentagen sich als von göttlichen Mächten errichtete dem Übenden ergibt. Eine Ablehnung eines gegliederten Lebens mit den Wochentagen ist aber immerhin besser, als wenn man, hinausgehend über die Pflege eines in völliger Freiheit sich vorgenommenen Andachtfeldes, nun etwa an den einzelnen Wochentagen nur das mit Liebe tun und denken wollte, was aus dem hinter der Wochentagsbezeichnung Stehenden unmittelbar sich ergibt. Oder wenn man alle in Siebenheiten gegliederten geistigen Offenbarungen oder Welterscheinungen einem Wochentags-Schema unterordnen wollte. Die errungene Freiheit des Gegenwartsmenschen besteht ja gerade darin, daß er z. B. im inneren Leben weitgehend unabhängig ist von den Jahreszeiten, andrerseits aber mit ihnen etwa im Zusammenhang entsprechender christlicher Feste vielleicht doch gern sein Geistesleben gestaltet. In alten Zeiten durften Kinder nur in der Mittwinterzeit geboren werden. Davon hat sich die Menschheit ganz frei gemacht. Umgekehrt aber entspricht es gewiß dem Wesen echter Frommheit, das Weihnachtliche jeder Geburt, das den Stern Offenbarende, in jedem ankommenden Kinde zu erleben. Oder man kann etwa versuchen, die einzelnen Bitten des Vaterunsers dem geistigen Wesen einzelner Tage anzureihen. Niemand wird aber auf den Gedanken kommen, man dürfe nun nicht jederzeit das Ganze beten oder an jedem beliebigen Tage sich in irgendeine dieser Bitten versenken. Und eine Taufe kann mit wirklicher Berechtigung an jedem Tage stattfinden, obwohl vielleicht einleuchtend sein kann, daß sie als Herüberleitung aus dem Geistigen ins Erdenland etwas mit dem Monde, also dem Montag, oder dem Merkur, also dem Mittwoch, zu tun hat. Übrigens wird man in jedem Sakramente den inneren Charakter fast aller Wochentage finden. Die Trauung z. B. hat als Schicksalsbindung etwas Monden-Verwandtes, als Weg etwas Merkuriales, als mutvoller Entschluß etwas Mars-Verwandtes usw. Es wäre aber die geistige Pest, nun einzelnen Sätzen eines Rituals die Etiketten eines Planetenerlebnisses oder gar einer bestimmten Sternkonstellation anzuheften. Die erneuerten Sakramente sind rein nach den geistigen sachlichen Gegebenheiten des Lebensanlasses, den sie « beantworten », und vor einem unmittelbar in der Ichkraft zu erfassenden Vorstellungsinhalt aufgebaut. Darin liegt ihre Modernität, ihr Bewußtseins-Seelen-Stil. Selbstverständlich kann man die eine oder andere Bemerkung im Vorbeigehen machen, die auch einmal zur Charakterisierung einen alten Planetennamen benutzt. Die Trauung aber z. B. nennt in ihrem Eingangs-Text nicht einmal den Namen des Christus, sondern umschreibt statt dessen jeweils die sachlich in Betracht kommende Wirkensweise. So darf Frommsein mit den einzelnen Wochentagen nicht zu etwas Schablonenhaftem werden. Dieser Gefahr entgeht aber auch, wer als Liebender und Übender im Sinne Goethes an die Wochentage als an eine « Folge von konsequenten Augenblicken » herangeht und damit die Ewigkeit-schaffende Kraft in sich belebt. Denn eine so gepflegte Andacht hat einen künstlerischen Geist. Und bei diesem macht der « okkulte Kramladen » ebenso schlechte Geschäfte wie der Fanatismus, der zur Geistigkeit in einer bestimmten Weise zwingen will. Geistige Anregungen sind aber michaelisch, d. h. wahrhaft dem Zeitgeiste gemäß, wenn sie Möglichkeiten aufzeigen und das übrige dem Urteil, Geschmack und der Liebe des einzelnen Menschen in Freiheit überlassen.

V.

Das innerlich Folgerichtige in der Reihenfolge der Wochentage ergibt sich schon aus einer einfachen Betrachtung der für das Menschenleben notwendigen Fähigkeiten und Eigenschaften der Seele. Menschen, die allzu einseitig nur darauf aus sind, in stiller, besinnlicher Einsamkeit sich der Andacht und Erkenntnis zu widmen, sind oft nicht in der Lage, einem Angriff auf die ihnen liebgewordenen geistigen Güter wirksam zu begegnen. Besonders wird die Fähigkeit dazu mangeln, wenn die Seele sich zu wenig dem geöffnet hat, was Welt und Lebenserfahrung dem Menschen sagen können. Frohmütige Erfahrung, innige Hingabe und Kraft, das Edle zu verteidigen und zu schützen, ergeben sich als notwendiger und wohltätiger Zusammenklang. Um aber das Menschliche voll zu erleben, bedarf die Seele noch des Lebens in anderen Zusammenklängen. Die Kampfeskraft muß doch erst einmal schweigen, wenn es gilt, einen Lebenswert z. B. mit einem andern abzuwägen und zu vergleichen. Und wiederum wird die Beweglichkeit, sich von einer Sache zur andern hinzubegeben oder den Wert einer Persönlichkeit mit dem einer andern und womöglich diese Persönlichkeiten selbst freundschaftlich zu verbinden, auf die Dauer nur dann die Oberflächlichkeit vermeiden, wenn ein Streben nach umfassender Weisheit und Liebe den ernstesten Wahrheitssinn ausbildet, und dieser wieder wird seine strenge Weisheit im Leben durch den Sinn für das Gefällige und Schöne ergänzen müssen, wenn seine Anordnungen nicht zur kalten Tyrannis werden sollen. So ergibt sich, daß das Menschliche nicht mit einer einzigen Fähigkeit gezeichnet werden kann. Mut, Beweglichkeit, weisheitsvolle Liebe, Schönheit gehören zusammen. Und was wäre dies alles, wenn nicht wenigstens aus dem altgewordenen Menschen die Fülle der Erfahrung, der Hingabe, des Mutes, der Beweglichkeit, der Weisheit, der Schönheit als weihegetragene Stimmung wirkte! Das wechselreiche Leben führt ja den Menschen zumeist so, daß er Gelegenheit findet, seine Einseitigkeiten zu ergänzen. Es würde ihm aber, insbesondere seiner Selbständigkeit, gewiß nicht schaden, wenn er für diese Gelegenheiten sich empfänglich machte durch eine gelegentliche Betrachtung der siebenfältigen Natur seines ganzen Wesens, insofern es im Zeitengange lebt. Ein übendes Betrachten einer einzelnen Eigenschaft etwa an dem

Wochentage, dem sie entspricht, könnte viel bewirken. Die oben aufgezählte Reihe der Eigenschaften, von der besonnten Erfahrung über Hingabe, Mut, Beweglichkeit, Weisheit, Schönheit zur Weltenweihestimmung, entspricht der Reihenfolge der Wochentage vom Sonntag bis zum Samstag. Selbstverständlich ist der heutige Mensch für seinen persönlichen Bedarf ganz frei, wann und welche dieser Eigenschaften er vor sich erbauen will. Hat er aber erkannt, daß in der Reihenfolge der Wochentage eine göttliche Konsequenz liegt, dann wird sich das Bedürfnis einstellen, sozusagen als Gegenleistung dafür, daß die Welt so wunderbar ist, auf den einzelnen Tag eine Vergegenwärtigung von dessen geistigen Entsprechungen zu pflegen. Wir haben nicht mehr eine Fülle des Wissens von den Eigenschaften der Planeten, aber wir können uns Rechenschaft geben von der Bedeutung des Zusammenhangs der menschlichen Eigenschaften und der von uns darüber gebildeten Gedanken. So können wir aus Wenigem ein Vieles machen, das wir nicht passiv aus uralter Priesterweisheit hinnehmen, sondern das wir aktiv vom Ich aus bilden. Von solchem aktiven Bilden, Schauen, Frommsein aus wird sich der ganze Mensch harmonisieren und manche Kenntnis und Lebensbeobachtung werden sich ergeben, die man auch praktisch oft wird anderen zugute kommen lassen können.

VI.

Eine besondere Wohltat für die Seele ist es, wenn sie die Wesenheit des Bösen einerseits klar erkennen, andrerseits ihr gegenüber die entsprechende Gegeneigenschaft aufrufen kann. Denn man wird als Mensch der Gegenwart doch erst dann das Gefühl haben können, zeitgemäß zu leben, wenn man den Kampf mit dem Bösen, das sich so allmächtig gebärdet, aufnimmt. Das kann aber in der Stille der Seele wirksam geschehen. Es hat wenig Sinn, Mitmenschen z. B. wegen deren Völlerei oder Neid zu verklagen. Man kann aus einem finsteren Raum nicht durch das Feststellen der Dunkelheit dieselbe hinauspumpen; man kann sie überhaupt nicht hinauspumpen, man muß die Läden aufmachen und das Licht hereinlassen. Und so bedeutet es die rechte Lichtenfaltung gegenüber den Sünden der Völlerei, wenn so stark wie möglich der Sinn gepflegt wird für die rechte Pflege alles Keimenden und für das dankbare Ahnen des Geheimnisses der Welt. Wieviel Philisterei kann da entstehen, wo ein kaum nasenlanger aufgeklärter Verstand alles Geheimnisvolle aus der Welt wegschwätzt. Als ob nicht gerade auch das mathematisch Klare oder trivial Nüchterne ein Mysterium enthielten! Zum mindesten doch das ihres Seins und Soseins. Der Mensch kann aus Dankbarkeit dem Anschauen guter Eigenschaften sich freiwillig hingeben. So wird er fromm. So tut er etwas für die Überwindung des Bösen.

In Überlieferungen, die im Zusammenhange mit der spätrömischen Mithras-Einweihung standen, ist zu finden, wie die Seele, die nach Befreiung verlangt, auf ihrem Wege zur Ewigkeit erst den einzelnen Planeten ihre einzelnen hemmenden Eigenschaften zurücklassen muß. So übergibt sie dem Monde die Kräfte der Ernährung, dem Merkur die Habsucht, der Venus die Wollust, der Sonne den Intellekt, dem Mars die Rauflust, dem Jupiter die Ruhmsucht, dem Saturn die Trägheit. Wieviel würde es bedeuten, wenn ein Mensch, um Wachheit und Überwindungskräfte zu üben, durch einige Zeit hindurch, an den einzelnen Wochentagen besonders achtete auf das dem Wochentag entsprechende Gute und Böse. Das Dasein des Bösen in der Welt würde ihm allerdings stärker bewußt, aber ohne dieses Bewußtsein kann er nicht ein Streiter Gottes sein um Licht, kann nicht die hohe ernste Festlichkeit der erlösenden Überwinderkräfte des Christus fühlen. Der Anblick des Bösen muß heute ertragen werden. Er kann ertragen werden, weil es ja das siegende Licht selbst ist, das dieses Böse erst deutlich macht, das so lange wie möglich gern im Trüben fischt und erst, wenn es sich erkannt fühlt, einen letzten verzweifelten Versuch macht, sich zu halten, indem es dann frech behauptet, es sei des Menschen eigenste Natur, und ein Entrinnen doch unmöglich.

Dies alles kann als überschaubares Innenerlebnis des Menschen auftreten. Es macht sozusagen seine innere Organisation aus, und es ist nicht nötig, daß jemand sich zwingt, an Planetendämone zu glauben. «In deiner Brust sind deines Schicksals Sterne», ist für den Menschen, der seiner Wege sich bewußt sein will, der einzig mögliche und sichere Ausgangspunkt. Wer im inneren Auswägen der genannten bösen und guten Eigenschaften Beobachtungen sammelt, hat aber den Geist der Sterne besser erfahren, als wer sich auf unkontrollierbare astrologische Aussagen einläßt. Denn er ist dem Geist der Sterne da begegnet, wo er selbstschöpferisch dessen Wesenheit gegenübersteht. Ohne dieses Selbstschöpferische aber ist ein Leuchten des Menschenwesens und damit das im Sinne des Osterauftrages Gottwohlgefällige nicht denkbar.

VII.

Das menschliche Leben in der Zeit verläuft in den Rhythmen des Schlafens und Wachens, des Einatmens und Ausatmens. Die Lebensalter folgen dem Siebenjahresrhythmus, von der Geburt bis zum Zahnwechsel, dann zur Geschlechtsreife, Volljährigkeit. Und so ist auch der Rhythmus der sieben Wochentage den Weltgesetzen abgelesen, wenngleich die Naturbeschaffenheit des Menschen diesen Rhythmus nicht mit so deutlichen Erscheinungen hervorhebt wie bei den ersten Kreisen des Siebenjahre-Rhythmus durch Zahnwechsel, Reife, Ausgewachsensein. Das Fortbestehen des Atmens und der Wechsel von Wachen und Schlafen durch alle Lebensjahre zeigen, daß die verschiedenen Rhythmen sich durchdringen.

Gegenüber der Siebenheit der Wochentage erhebt sich eine besondere Frage, wenn man betrachtet, wie das Seelische des Menschen auch einem deutlichen Rhythmus der Zweiheit folgt, indem man bald still für sich lebt, bald der Außenwelt hingegeben ist. Dies kann sich steigern bis zu den Gegensätzen von Verkrampftheit und Ausgelassenheit. Oder es zeigt sich im Tageslauf mancher Menschen, wie z. B. bei Franz Schubert, der durch viele Jahre hindurch jeden Tag bis Mittag fleißig war, am Nachmittag herumschlenderte und am Abend mit Freunden einer harmlosen Ausgelassenheit sich überließ. Ist der Rhythmus eines seelischen Einatmens und Ausatmens in der Siebenheit der Wochentage mitenthalten? Die Beantwortung ist nicht schwierig. Denn es sind in der Folge der betrachteten, den Tagen entsprechenden Seeleneigenschaften Mut, Weisheit, Weihe ausgesprochen befreiende Kräfte, die ins Große führen. Während Bescheidenheit, Wandeln von einem zum andern, Schönheitssinn die Beglücker sind in der kleineren Welt, die sonst zu eng wäre. Du kannst getrost in die Enge gehen, wenn Bescheidenheit, innere Beweglichkeit und Schönheitssinn dir folgen! Und du kannst getrost in die Weite gehen, wenn Mut, Weisheit und Weihekraft dich begleiten!

Hat man dies gefunden, dann mag man staunend darauf hinschauen, wie Mond, Merkur, Venus innerhalb der Sonnenbahn, Mars, Jupiter, Saturn außerhalb derselben kreisen. Montag, Mittwoch, Freitag haben so die Stimmung des in der Bestimmtheit des Gewordenen Wirkenden; Dienstag, Donnerstag, Samstag hingegen diejenige des Ausweitenden, vom Gewordenen Befreienden. Die neuere Geisteswissenschaft Rudolf Steiners nennt Mond, Merkur, Venus die schicksalbestimmenden, Mars, Jupiter, Saturn die schicksalbefreienden Planeten. Dies bezieht sich im geisteswissenschaftlichen Zusammenhange natürlich auf besondere Forschungen über die Anteilnahme der planetarischen Kräfte, z. B. auch beim Herunterkommen der Seele zur Erde und beim Weggehen von der Erde nach dem Tode. Die Frage, auf welche Weise solche Ergebnisse gewonnen werden können, ist innerhalb des Gesamtzusammenhanges jener Forschungen beantwortet.

Es folgt also in den Wochentagen auf je einen Tag mit einer Eigenschaft des menschlich Naheliegenden je ein anderer mit einer Eigenschaft der Weite. Daß der Sonne, bzw. dem Sonntag, die Mitte zwischen schicksalbestimmenden und schicksalbefreienden Kräften zukommt, ist eindeutig ersichtlich. Im Regenbogen der guten Eigenschaften ist auch die Besonnenheit die Mitte von allem, was zur Menschenfreundlichkeit einerseits, zur Ewigkeitsweite andrerseits führt.

Mit Goethe
durch die Wochentage

Man erhebt sich zu der Anteilnahme an der ins menschliche Leben so großartig hereinwirkenden Einheit zwischen dem irdischen und geistigen Menschen und damit zur belebenden Begegnung mit einem schöpferischen Ich, wenn man Goethes Geistesart auf sich wirken läßt.

Zunächst wird es wohl ohne weiteres einleuchten, wenn der Blick fällt auf die hervorragende Bedeutung von Goethes Ordnungssinn in seinem Leben, daß etwas Jupiter-Verwandtes, im Sinne der Wochentagserlebnisse ein Donnerstags-Mensch, zu uns spricht. Dabei sind diesem Ordnungssinn durchaus die Größe und Andachtstiefe eigen, die Befreiung und Liebe in die Weite strahlen und als wahrhaft königlich empfunden werden. Die Verbindung von « Idee u n d Liebe », wovon Goethe spricht als dem ihm über allem Verlieren sonstiger Lebensfreuden Bleibenden, ist die große königliche Eigenschaft. Goethe hat sie in das Leben mitgebracht, aber er hat sie am Leben auch geübt. Aus den Verwirrungen des Herzens oder temperamentsfreudiger, kraftgenialischer Ausgelassenheiten sucht Goethe durch sein Studium des Spinoza immer wieder die Reinigung und Objektivität. Ähnlich wirken auf ihn die Kunstwerke Italiens: « Alles Willkürliche, Eingebildete fällt zusammen: da ist Notwendigkeit, da ist Gott.» Was auch immer Goethe anordnet im Leben oder als Schöpfer seiner Werke, es trägt diesen echt weisheitsvollen Zug einer Verbindung von « Idee u n d Liebe ». Die Anordnungen des zweiten Teiles des Faust, heute noch wenig erkannt, tragen den Charakter eines das geistige Auge öffnenden Priesterkönigtumes. Die weite heilige Luft hoher Hallen weht darin. Was in Goethes Altersjahren in seinen Werken erscheint, das offenbart vorübergehend schon der sechsjährige Knabe, wenn er die Mineralien auf dem Notenpulte seines Vaters anordnet, Räucherkerzen darauflegt, die er mittels eines Brennglases durch die aufgehende Sonne entzünden läßt, und in dem gelinden Verdampfen die Vereinigung der Seele mit der Gottheit erlebt.

Dieser hohe Sinn für Anordnung und Ordnung ist auch in Goethes kriegerischer Haltung zu finden. Wo wird er zum Angreifer? Da, wo seinem Erleben nach die Ordnung verletzt oder die hohe Anordnung der Weltenkräfte geschmäht wird. Er wagt sein Leben in einem erregten Menschenauflauf vor Mainz (1792) für einen Halunken, den die Menge züchtigen will, – weil vor dem Standquartier des Herzogs von Weimar Ordnung zu herrschen hat. Er legt nach fünfundzwanzigjähriger Tätigkeit am Weimarer Theater kurzerhand die Leitung nieder, weil der Herzog auf Betreiben einer Freundin auf der Aufführung eines Stückes besteht, in der ein Hund die Hauptrolle spielt. Da gilt es, die Würde des Theaters zu schützen, die ungezogene Unordentlichkeit zu bekämpfen. Dies ist nicht die Aufwallung eines jungen Menschen, der die derbtüchtige Rechtlichkeit des Ritters Götz verherrlicht, es ist der Alte, der kriegerisch antwortet aus Verantwortung für das Hohe, das menschliche Philisterei nicht verwüsten soll. So tritt Goethe geradezu polternd grob aus seiner vornehmen Zurückhaltung heraus gegen die Angreifer seiner Farbenlehre. Wer darf wagen, dem Wesen des Lichtes und der Farben, das Goethe erforscht und dargestellt hat, seine der Nicht-Beobachtung entstammende Unerleuchtetheit entgegenzustellen? Er hält die Farbenlehre für sein bedeutendstes Werk, und er läßt im Dienste der Wahrheit die Gegner schonungslos über die Klinge springen. Ein echter Dienstags-Mensch.

Wohl noch deutlicher als Goethes Jupiter-Wesenheit ist für viele seine Sonnenhaftigkeit. Der gesunde Wirklichkeitssinn, seine allbelebende Anregungskraft, seine Abneigung gegen das moralisierende Herumwühlen in den Schwächen des Menschen, d. h. seine kraftvolle Bejahung alles Positiven, seine ausgleichende Erlebnisfähigkeit zwischen dem Erhabenen und dem Gefälligen, dem Hehren und Liebenswürdigen, dem Großen und Zarten, seine Verehrung des Lichtes wie der sittlichen Tugend und Tüchtigkeit, sein warmherziger gutartiger Humor, nicht zuletzt seine freie und tiefe Christusliebe zeigen den echten Sonntags-Menschen. Als Sonnenheld hat Goethe z. B. auch im Großkophta den Ritter gezeichnet, der, das Schlußwort des Dramas sprechend, einem Menschen gegenüber, dem übel mitgespielt wurde, den Gedanken der Aufrichtung ausspricht, ihn sich selbst u n d der Welt wiederzugeben. Wieder kommt es an auf dieses Und. Würde der Mensch nur zu sich selbst geführt, so müßte er untergehen in der Mondenstimmung; würde er nur der Welt übergeben, so würde er sich von den Lebenspflichten entfernen im schließlichen Hinausschreiten in die Saturnstimmung. Eines fehlt in Goethes Sonnenerlebnis: das eindeutige Wissen und Aussprechen um die Tatsache, daß von der Jordantaufe bis zum Ostersieg in Jesus der Christus als der Geist der Sonne lebte. Aus dieser Lücke wird auch begreiflich, warum Goethe es vermieden hat, sich mit dem Wesen der Grausamkeit erkennend auseinanderzusetzen. Über den Kruxifixus als Überwinder des Sonnendämons bildet er sich keine Ideen. Diese letzte Synthese fehlt. Wohl aber liegen in zerstreuten Strahlen alle Bedingungen einer vollen Sonnenerkenntnis in seinem Wesen, vom Glauben an Jesus als der höchsten Menschwerdung der Sittlichkeit und einem tiefen Ehrfürchtigsein vor den Tatsachen der Karwoche bis zu dem Sicheinprägen des Bildes Christi aus den Evangelien und dem Erkennen der Taten und Leiden des Lichtes als Naturforscher.

Goethe ist ein Mensch der Mitte, sein Wesen wirklich « westöstlich », zusammenfassend das im Westen der

Erde konzentrierte Saturnische und das im Osten in den Nachklängen uralter Geistigkeit konzentrierte Mondenhafte. Dieses Letztere scheint bei ihm, dem Tätig-Tüchtigen, zunächst eine nur untergeordnete Rolle zu spielen. Wie er in sein Gartenhaus sich ein wenig einspinnt und ähnliches, sagt vielleicht noch nicht so viel. Betrachtet man aber, wie das Mondenartige nicht nur in einer auf sich selbst gerichteten sinnierenden Zurückgezogenheit besteht, sondern insbesondere auch in dem Hingegebensein an das Verborgene in allen Welten, so ist Goethe sogar ein hervorragender, nur nicht einseitiger, Vertreter des Montags-Menschen. Goethe hat uns in dem Gedichte «Die wandelnde Glocke» die schönste Offenbarung des mütterlich Mahnenden geschenkt. Er läßt den Faust zu den Ur-Mutterkräften des Daseins hinabschreiten. Und wie oft finden wir ihn im persönlichen Leben als den kindlich Hingebungsvollen. Wen kann man mit mehr Recht als einen selbstlosen Spiegel seiner ganzen Zeit betrachten? Bei wem ist die Stimmung gegenüber dem Verborgenen tiefer und gesünder als bei dem, der weiß, wie die größten Erkenntnisse und fruchtbarsten Zustände sich nur durch Gnade offenbaren und wartender Geduld erschließen? Der sein

Schicksalspäckchen am besten zu tragen weiß, der anerkennt damit am deutlichsten das Verborgene. Der in das Schicksal ergebene Goethe – da sieht man ihn als Montags-Menschen!

Das Umfassende in Goethes Wesen hat schon vielen Menschen Blick und Herz erweitert. Es gibt etwas in ihm, das ist noch größer und ruhevoller als der Anordnende: dies, wie er über allen Lebensrollen steht, alles mit Anteilnahme umschließend.

Im höheren Alter tritt dieses fromme weihende Wesen so in Erscheinung, daß der Mensch Goethe immer wichtiger wird. Aber es durchzieht sein ganzes Leben, wie dies für einen Dramatiker, Theater- und Mummenschanz-Freund eigentlich selbstverständlich ist. Schon das Gedicht des Fünfundzwanzigjährigen, «Geistesgruß», enthält die umfassende Schau des Lebens von oben her. «Mahomets Gesang» ist wie die große Verbreiterung dieses Motivs aus den vollen Mannesjahren. Dahin gehört aber auch, wie Goethe nach zehn Jahren ergebenster, fleißigster Ministerarbeit sich den Überblick sucht durch seine italienische Reise. Man betrachte, mit welcher Wärme er da den Römischen Karneval schildert, der eben gerade durch die ihm eigene Gesamtdarstellung des Lebens auch für Goethe etwas Befreiendes hatte. Und dann jener grandiose Überblick über das gesamte Menschenwesen in der Mummenschanzszene des zweiten Teiles des Faust. Da waltet Saturnischer Geist. Aber nicht minder in manchem kleinen Satze oder Ratschlag. So, wenn in der « Pädagogischen Provinz » den Zöglingen der Respekt vor der Zeit gelehrt wird oder wenn Goethe den Satz formt: « Die Zeit selbst ist ein Element. » In dem Glauben, daß die Zeit nur eine Form der Anschauung sei, waltet kein Saturnischer Geist, keine Weiheflamme vor den Weltengeistern, die uns tragen im Mantel der Zeit.

Goethe spricht davon, daß er vieles in den Faust « hineingeheimnist » habe. Faust selbst bittet die Weltenmutter, ihn ihr « Geheimnis » schauen zu lassen. Die letzten Worte der Faustdichtung lauten: « Das Ewig-Weibliche zieht uns hinan. » So ist es ein Wort der Andacht und reinen Liebe, mit dem Goethe seine größte Dichtung beschließt. Die am Eingang dieser Schrift stehenden Worte Goethes vom Frommsein tragen den Nachsatz: «.... Solcher seligen Höhe fühl' ich mich teilhaft, wenn ich vor ihr stehe », und es ist damit das junge Mädchen gemeint, dem der Greis seine Liebe schenkte. Etwas von dieser reinen

Idealität und Ergriffenheit durch den Zauber der Anmut und Schönheit liegt in jedem Verhältnis, das Goethe in seinem Leben zu Frauen eingegangen ist. Wo er in seinen Werken auch einmal das Lüsterne schildert – wie z. B. nach Fausts Tod, wo die Teufel in lüsterne Brunst verfallen gegenüber den erscheinenden Engeln –, da ist es stets so, daß diesem Dämon der Venus eine höhere Liebe entgegensteht. In der klassischen Walpurgisnacht wird die Lüsternheit Mephistos entlarvt als vollendete Häßlichkeit. In der Künstlerschaft Goethes wird man immer wieder das liebegetragene reine Schönheitselement bewundern können. Sein Wort: «Wie fruchtbar ist der kleinste Kreis, wenn man ihn wohl zu pflegen weiß», weist auf das Gärtnerische in seinem Wesen. Goethe, der liebreich Pflegende, der Gärtner, einschließlich seiner Freude an wirklichen Gärten: daraus erfährt man mehr über Goethe und die Liebe, als wenn man den jeweiligen Charakter des Verhältnisses Goethes zu einer Frau bespricht, was schließlich doch seine eigene Angelegenheit war und bleiben kann. Goethe und die Gärten! Im öffentlichen Garten von Palermo ging ihm die Anschauung von der Urpflanze auf, und das hieß für ihn: «... ein Weltgarten hatte sich aufgetan». Im Park von Weimar begegnete ihm die Blumenarbeiterin Christiane, die seine Frau wurde.

Zeitgenossen und Nachfolger haben auf Goethes Steifheit im persönlichen Verkehr hingewiesen. Man braucht sie nicht zu verteidigen, aber sie war für ihn, den so grenzenlos zur Hingabe Bereiten, ein Schutz, nicht dauernd durch die Menschen enttäuscht zu werden durch die Nichterwiderung der Liebe. Der ältere Goethe war doch viel zu geprüft und zerlitten, um nicht im höchsten Maße verbindlich zu sein. Mit dieser Verbindlichkeit, einer freilassenden Behutsamkeit, hängt auch zusammen, daß Goethe wie im Vorbeigehen manches Bedeutsamste gesagt hat, gleichsam als wäre nicht so viel dabei. Die Stelle von den konsequenten Augenblicken im Brief an Zelter spricht deutlich davon. Wenn im Märchen von der grünen Schlange gesagt wird, erquicklicher als das Licht sei das Gespräch, so zeichnet dies einen Grundzug von Goethes reifem Wesen: Die Warheit, das Hohe muß menschlich dargebracht werden. «Alle menschlichen Gebrechen sühnet reine Menschlichkeit», lautet die Widmung im Iphigenie-Buch an Corona Schröter. Goethe ist Mittler, leicht zu ertragender Bote der hohen Dinge. In diesem Sinne ist er auch Arzt. Seine

Anschauung von der Urpflanze, seine Darstellungen von der Metamorphose der Pflanze, seine Farbenlehre heilen die starrgewordene Sinnenbetrachtung und den abstrakt gewordenen Verstand. Sie sind selbst Anweisungen, dasjenige mit zu beobachten, was als Wandelndes hindurchzieht durch die Weltenerscheinungen. Seinem Sohne und Eckermann schrieb Goethe zu deren Reiseantritt ein Wort aus dem Buch Hiob als Widmung in Eckermanns Stammbuch: «Es geht vorüber, eh' ich's gewahr werde und verwandelt sich, eh' ich's merke. Den Reisenden.» So ist Goethe auch ein Mittwoch-Mensch.

Sonntag   Weite Welt und breites Leben,
langer Jahre redlich Streben,
stets geforscht und stets gegründet,
nie geschlossen, oft geründet,
Ältestes bewahrt mit Treue,
freundlich aufgefaßtes Neue,
heitern Sinn und reine Zwecke:
Nun! man kommt wohl eine Strecke.

—

Ein reiner Reim wird wohl begehrt,
doch den Gedanken rein zu haben,
die Edelste von allen Gaben,
das ist mir alle Reime wert.

—

Wär' nicht das Auge sonnenhaft,
die Sonne könnt' es nie erblicken;
läg' nicht in uns des Gottes eigne Kraft,
wie könnt' uns Göttliches entzücken?

—

... Hafis, drum, so will mir scheinen
möcht' ich dir nicht gerne weichen,

denn wenn wir wie andre meinen,
werden wir den andern gleichen.
Und so gleich ich dir vollkommen,
der ich unsrer heil'gen Bücher
herrlich Bild an mich genommen,
wie auf jenes Tuch der Tücher
sich des Herren Bildnis drückte,
mich in stiller Brust entzückte,
trotz Verneinung, Hind'rung, Raubens,
mit dem heitern Bild des Glaubens.

Montag   *Aus « An den Mond »*

Füllest wieder Busch und Tal
still mit Nebelglanz,
lösest endlich auch einmal
meine Seele ganz;

Breitest über mein Gefild
lindernd deinen Blick,
wie des Freundes Auge mild
über mein Geschick.

Jeden Nachklang fühlt mein Herz
froh- und trüber Zeit,
wandle zwischen Freud' und Schmerz
in der Einsamkeit.
. . . .

Selig, wer sich vor der Welt
ohne Haß verschließt,
einen Freund am Busen hält
und mit dem genießt,

Was, von Menschen nicht gewußt
oder nicht gedacht,
durch das Labyrinth der Brust
wandelt in der Nacht.

Dienstag   Gut verloren – etwas verloren!
Mußt rasch dich besinnen
und neues gewinnen.
Ehre verloren – viel verloren!
Mußt Ruhm gewinnen,
da werden die Leute sich anders besinnen.
Mut verloren – alles verloren!
da wär' es besser: nicht geboren.

Ihr könnt mir immer ungescheut,
wie Blüchern, Denkmal setzen;
von Franzen hat er euch befreit,
ich von Philisternetzen.

—

Feiger Gedanken
bängliches Schwanken,
ängstliches Klagen,
weibisches Zagen
wendet kein Elend,
macht dich nicht frei.
Allen Gewalten
zum Trutz sich erhalten,
nimmer sich beugen,
kräftig sich zeigen,
rufet die Arme
der Götter herbei.

—

Nur der verdient sich Freiheit wie das
der täglich sie erobern muß.   [Leben,

Es geht eins nach dem andern hin
und wohl auch vor dem andern.
Drum laß uns rasch und brav und kühn
die Lebenswege wandern.
Es hält dich auf, mit Seitenblick
der Blumen viel zu lesen,
doch bringt nichts grimmiger zurück,
als wenn du falsch gewesen.

—

Den Gruß des Unbekannten ehre ja!
Er sei dir wert als alten Freundes Gruß.
Nach wenig Worten sagt ihr Lebewohl!
Zum Osten du, er westwärts, Pfad an
[Pfad —
kreuzt euer Weg nach vielen Jahren drauf
sich unerwartet, ruft ihr freudig aus:
Er ist es! ja, da war's! als hätte nicht
so manche Tagefahrt zu Land und See,
so manche Sonnenkehr sich dreingelegt.
Nun tauschet War' um Ware, teilt Gewinn!
Ein alt Vertrauen wirke neuen Bund —
Der erste Gruß ist viele tausend wert;
Drum grüße freundlich jeden, der begrüßt.

47

Von der Gewalt, die alle Wesen bindet,
befreit der Mensch sich, der sich über-
[windet.

—

Ob ich Ird'sches denk' und sinne,
das gereicht zu höherem Gewinne.
Mit dem Staube nicht der Geist zerstoben,
dringet, in sich selbst gedrängt, nach oben.

Donnerstag Entzwei und gebiete! Tüchtig Wort.
Verein' und leite! Bessrer Hort.

—

« Die Jahre nahmen dir, du sagst, so
[vieles:
Die eigentliche Lust des Sinnespieles,
Erinnerung des allerliebsten Tandes
von gestern, weit- und breiten Landes
durchschweifen frommt nicht mehr; selbst
[nicht von oben
der Ehren anerkannte Zier, das Loben,
erfreulich sonst. Aus eignem Tun Behagen

quillt nicht mehr auf, dir fehlt ein dreistes
[Wagen!
Nun wüßt ich nicht, was dir Besondres
[bliebe?»
Mir bleibt genug! Es bleibt Idee und Liebe!

—

Wenn was irgend ist geschehen,
hört man's noch in späten Tagen,
immer klingend wird es wehen,
wenn die Glock' ist angeschlagen.
Und so laßt von diesem Schalle
euch erheitern viele, viele!
Denn am Ende sind wir alle
pilgernd Könige zum Ziele.

Freitag   Höre den Rat, den die Leier tönt,
doch er nutzet nur, wenn du fähig bist.
Das glücklichste Wort, es wird verhöhnt,
wenn der Hörer ein Schiefohr ist.

«Was tönt denn die Leier?» Sie tönet laut:
Die schönste, das ist nicht die beste Braut.

49

Doch wenn wir dich unter uns zählen
                              [sollen,
so mußt du das Schönste, das Beste wollen.

—

Doctor Marianus
(auf dem Angesicht anbetend):

Blicket auf zum Retterblick,
alle reuig Zarten,
euch zu seligem Geschick
dankend umzuarten.
Werde jeder bessre Sinn
dir zum Dienst erbötig;
Jungfrau, Mutter, Königin,
Göttin, bleibe gnädig!

—

Chorus mysticus:

Alles Vergängliche
ist nur ein Gleichnis;
das Unzulängliche,
hier wird's Ereignis;

das Unbeschreibliche,
hier ist's getan;
das Ewig-Weibliche
zieht uns hinan.

Geistesgruß

Hoch auf dem alten Turme steht
des Helden edler Geist,
der, wie das Schiff vorübergeht,
es wohl zu fahren heißt!

« Sieh, diese Senne war so stark,
dies Herz so fest und wild,
die Knochen voll von Rittermark,
der Becher angefüllt;

Mein halbes Leben stürmt' ich fort,
verdehnt' die Hälft' in Ruh,
und du, du Menschenschifflein dort,
fahr immer, immer zu! »

Aus « Dank des Paria »

Großer Brahma, nun erkenn' ich,
daß du Schöpfer bist der Welten!
Dich als meinen Herrscher nenn' ich,
denn du lässest alle gelten.

Und verschließest auch dem Letzten
keines von den tausend Ohren;
uns, die tief Herabgesetzten,
alle hast du neu geboren.

Die einzelnen Wochentage

Samstag

Der Samstag hat im heutigen Leben dadurch sein besonderes Gepräge, daß er das Ende der Woche ist. Viele versuchen dann, die Sorgen der Arbeit hinter sich zu lassen und durch Ausflüge oder ähnliches in ein ganz anderes Lebenselement einzutauchen, wo man vom Alltagsmenschen loskommt. Wünschenswert wäre aber, daß in der «Zerstreuung» so viel Wärme des Göttlichen walte, daß sie wirklich auch in die Tiefe und Weite trägt und eine kraftvolle Erfüllung bringt mit allem, was dem Menschen wertvoll ist jenseits seiner Berufs- oder sonstigen Schicksalsbesonderheit; mit allem, was aus der Ewigkeit stammt, die alle Gegensätze und peinvollen Einzelheiten überwölbt. Das beste ist es, wenn man sich selbst die Flamme übend entzündet, dann wird man allmählich immer sicherer fühlen, wo im äußeren Leben wahre Weite und Geisteswärme zu finden sind. Und dahinein wird man sich ja dann gern immer wieder von sich selbst entlassen und wirklich in befreiender « Welt » untertauchen. Man ist doch schließlich dafür auch verantwortlich, man muß mit dabei sein, auf welche Weise man von sich und seinem Alltagsmenschen loskommt. Es sei deshalb einfach auf einiges hingewiesen, das – im Zusammenhang mit dem an den andern Tagen Genannten – geeignet sein kann, am frommheitwebenden Wesen der Welt teilzunehmen.

Ein finnisches Sprichwort lautet: « Gott hat die Zeit erschaffen, aber von der Eile hat er nichts gesagt. » Gewiß ist, daß eine zu lange betriebene « Eile » den Menschen die Zeit nimmt, die sie zu gewinnen hoffen.

Für was wollen sie sie gewinnen? Darauf kommt es an. Die Eile kann das Bewußtsein trüben, sie kann die Gesundheit schädigen; man kann das aber alles vorübergehend auf sich nehmen – um z. B. rechtzeitig einen Raum für einen Weiheanlaß bereitzustellen. Noch besser ist es natürlich, wenn man alles so einrichten kann, daß überhaupt kein Gehetze damit verbunden wird. Oft wird es so sein: Wer Ruhe übte, der kann etwas ohne Hetze machen in sogar derselben Zeit, in der ein anderer sich vergispelt. – Wie kann man denn Ruhe üben? Zum Beispiel dadurch, daß man als Beobachter zugleich außerhalb einer Angelegenheit schwebt, in der man darin ist. Ruhe durch Überlegenheit. Letztere wird dann nicht zum Hochmut führen oder zum Ausleben von Machtgelüsten, wenn sie von einer tragenden Menschenliebe erhellt ist. – Mit der Überlegenheit soll man deshalb auch nicht andern Menschen gegenüber, sondern seinen eigenen Torheiten gegenüber anfangen. Damit hat man ein Zauberwort gefunden und verstanden: Rückschau über gelebtes Leben! Rückblick auf die Taten, Gedanken und Worte der vergangenen Woche! Hat jemand ein Empfinden dafür, daß man im Leben von einem Engel auch geleitet wird, so mag man ihn bitten, mit seinen Augen objektiv das Gelebte betrachten zu können; zu seinen Gesichtspunkten sich zu erheben. Schon das bloße ernstliche Sich-Bemühen in dieser Richtung wird manche neue Einsicht und verstehende Ruhe bringen. Beschließt man mit solchen Rückblicken die Woche, wobei man am besten beim Nächstliegenden anfängt und allmählich über Mittwoch, Dienstag usw. zum Anfang kommt, so kann man eine weitere Bitte an den Engel richten: Er möge unser Ich wachend halten, auf daß es in der kommenden Woche nun auch wirklich besser mache, was besser gemacht werden kann. Daß man aus der Nacht nach einer solchen Samstagabend-Besinnung gewissenhafter und starkmütiger in den Sonntag hinein aufwacht als ohne dieses, ist wohl deutlich.

Der Rückblick, den man mit sich selbst anstellt, wird viele Fragen über Welt und Leben enthalten, deren Beobachtung ganz von selbst dazu führen, daß der inhaltreiche, warme Weltengrund, der allumschließende, von der Seele empfunden wird. Man steht dann jenseits der einzelnen bestimmten Lebensrollen. Man wird so allmählich Freude gewinnen an Schöpfungen und Vorgängen, die dies Umfassende, Tiefsinnige, Freie zum Ausdruck bringen. Alles Entstandene schwimmt wie eine Insel auf dem warmen Grunde der Ewigkeit, die uns die Zeit geschenkt, auf daß wir werden können; und die uns Tod und Todessiegeskraft verliehen, auf daß wir frei werden von den Vereinzelungen. Am Feuer in der Ur-Hütte der Welt, da lesen wir die Chronik der Zeitenschicksale und Menschenschicksale. Jetzt verstehen wir den Mummenschanz, der so gern die Vielheit der Lebensrollen vor uns zaubert; verstehen das oft so Tiefsinnige der alten Narren; ahnen das umfassende Bewußtsein, das aus der Grales-Opferschale spricht zu dem Gralsträger, der alles Leid und alle Menschenlebensrollen durchlebt hat; und wir hören den warmen Weltengrund selber uns erzählen vom Weltenzauberfeuer, indem Märchen und Göttermythen zu uns sprechen. Nun verstehen wir den alten Philosophen Schelling, was er meinte, wenn er beim Reden zum Antritt der Nachfolge Hegels in Berlin Ministranten vor sich hergehen ließ mit Kerzen. Künder sein aus der Weltenflamme wollte er, wie er in seinem Buche «Die Weltalter» auch darstellt, daß eine den Geist wirklich findende Wissenschaft die Innigkeit des Erzählens in ihren Mitteilungen haben wird. Ein alter Bauernkalendervater aber könnte das etwa so zusammenfassen:

In der Ur-Hütte der Welt,
da lauscht der Alte ins Feuer,
wie alles wird, wie alles fällt,
der Erden langes Abenteuer:
Kron' und Tiara, Bettelfrau und Kind
wie in einer Spieltruh' beisammen sind!
Er schreibt auf einem blauen Tuch
das alles in ein großes Buch.
Schon manchmal in der Samstagnacht
hat er dir was ans Bett gebracht.
Du fühlst so schwer und doch so frei,
grad als wärst du der Dotter im Welten-Ei.
Er nimmt dir, hast du Scham und Reu,
die Selbstsuchtsdecke weg, und neu
magst du im warmen Weltensein beginnen,
im Feuer-Urton neu die Woche spinnen.

Am Samstag ist gut: Feuerchen machen, Kerzen an-
zünden, in Gluten gucken, Bücher binden und voll-
schreiben zum Herschenken, Märchen erzählen, Mum-
mereispiel treiben; durch Furchen gehen und den
Blick auf guten Truhen lassen ruhen; Tannenduft und
Heuduft atmen; kannst du nicht zu einem Bauern
gehn, so lies ein gutes Buch von einem, dem Gottes
Feuerglut die Lippen reinigte.

Saturns Erdnähe

Zwischen hohen Scheunengiebeln
geht im Mond Saturn, der Alte ...
Sieht wie ein und andre liebeln,
sonsten tiefe Ruhe walte.

Auf dem Brunnenrand am Stalle
setzt der Gute nun sich nieder:
« Unglück bringend, wähnen alle »,
seufzt er, « käm ich erdnah wieder. »

Aber Unglück liegt im Herzen,
schlechtem Blut, verdorbnen Säften.
Sterne sind wie stille Kerzen,
frommem Sinne nur zu Kräften.

Wo jedoch der Unmut haushält,
wird im Streit das Licht verschüttet:
ist's nun Mars, der euch den Schmaus gällt?
Traun! Ihr habt euch selbst zerrüttet.

Und so ist Saturn nicht böse,
wenn er euch den Sinn verrücket,
daß sich von sich selber löse,
was zu eng im Leib gedrücket.

Daß sich brüderlich zurechtspielt,
was sich sonst ja nicht kann gleichen,
morgen hier der Herr als Knecht gilt,
Knechte drohn mit Königsstreichen.

Ausgelaßne Fastnachtsritte
retten aus der Selbstheit Banden,
wer verletzt Gesetz und Sitte
aber hat mich mißverstanden.

Wahrlich, man muß Narr sein können,
um die Menschen recht zu führen;
aller Lebensrollen Brennen
mußt du weltenheiß verspüren.

Weltweit, eh ihr erdwärts stieget,
konnt' ich alle euch beglücken,
erst die Mondenfrau dann wieget
Schicksalspäckchen auf den Rücken.

Lebensernst und Lastentragen
formt euch zu Persönlichkeiten.
Kinder, seid in meinen Tagen
auch einmal Versöhnlichkeiten!

Sonntag

Am Sonntag geht man in des Herrn Haus
und kommt womöglich recht friedfertig heraus.
Streiten und schinden, raffen und binden,
das wird sich alles schon wieder finden.
Kannst ruhig auch allen Stolz fahren lassen,
der kommt schon wieder aus allen Gassen.
Hab auch nicht Furcht, dein Herz sei viel zu klein:
Christ ist ein Kind und kann durch jedes
                [Schlüsselloch ein.
Wenn nur das Altartuch weiß und sauber ist,
so wird der Herr zu seiner Frist,
wie lange er auch ließ warten,
zu dir kommen als in seinen Garten.
Er wird nicht nur den Krämer aus dir treiben,
keiner der sieben Dämone darf bleiben.
Wie Maria Magdalena am Ostertag,
so jedes Herz seinen Gärtner finden mag.
Wie es auch tönt in des Weltsturms Sausen:
Sei nur still, laß den Geist dich durchbrausen!
Die Sonne will in Dir hausen!

Am Sonntag ist gut: in allem die Mitte finden; sich selbst und die Welt kraftend fühlen als ein im Kreuz gehaltenes Gebilde, von oben und unten, vorn und hinten, links und rechts; auf ein weißes Blatt mit dem Zirkel einen Kreis zeichnen, den Zirkelabstand auf der Kreislinie abtragen, es geht sechsmal, alle entstandenen Schnittpunkte miteinander verbinden, es entsteht im regelmäßigen Sechseck ein Gebilde, das vollkommen harmonisch sich in sich selbst trägt; empfinden, daß es das gibt in der Welt. Betrachten; wie der Christus mit dem Menschen durch das Leben geht von der Geburt bis zum Tode. Gelegentlich ein Bild malen und aus dem Ineinanderfließen des Rot-Gelben mit dem Violett-Blauen das Grün als Mitte entstehen lassen. Goethes besonnte und gedankenhelle Erfahrungsstimmung auf sich wirken lassen, z. B. aus seinen Wolkengedichten, dem « Vermächtnis altpersischen Glaubens », dem « Prolog im Himmel » zu Faust I, der ersten Szene aus Faust II mit der Schilderung der aufgehenden Sonne u. a. Gegenüber Furchtvorstellungen und egoistischen Glückseligkeitsträumereien den Christus erleben als den wahren Kraftquell der Seele, der da war, ist und sein wird. Die Erden-Sonnen-Stimmung hegen: wie der Christus als Geistessonne in Jesus lebte und die Erde durch jene Ereignisse den Keim empfing, wiederum Sonne zu werden. Wie man seinen Leib zu Lehen tragen kann, vom Weltenherrn, und wie dann das Auferstehungslicht wie Flügel uns unter die Arme greift und jeder Blick in das Licht des Tages zur Gewißheit wird, daß ER uns nicht verläßt, so wie die Sonne uns nicht verläßt. Wie jedes Ein- und Ausatmen ein Teilnehmen ist am Sonnenschein, indem die Zahl der Atemzüge während eines Tages so groß ist wie die der Jahre (25 920), in denen der Frühlingspunkt der Sonne den ganzen Tierkreis durchwandert. Wie bei den Kreuzen der ausgerotteten iroschottischen Kirche zwischen dem Kreuzpunkt der Balken der Sonnenkreis angebracht ist und wie es frühmittelalterliche Kreuze gibt, wo an den Enden der Balken die Symbole je eines Evangelisten angebracht sind. Wie Löwe, Adler, Stier und Engelmensch Bilder von heiligen Sonnenurkräften sind, wie dies nachwirkt in unseren vier Temperamenten, wie wir aber gegenüber diesen Ur-Tatsachen doch heute nur frei und sonntäglich fühlen können, weil uns im Denken ein inneres Richtmaß und eine zu Urteilen führende innere Erfahrungssonne gegeben ist. Wie Christus durch Golgatha ging, so muß der Mensch seine Erfahrungen und Wahrnehmungen durch das Denken führen, auf daß seine Anteilnahme an einer Welt der Wiedergeburt in Klarheit geschehe.

Von besonderer Wichtigkeit für den Menschen der Gegenwart ist es, nicht nur im allgemeinen das Element der gedanklichen Intelligenz zu pflegen, sondern damit eine geistige Hüterschaft auszuüben gegenüber allem, das ihn als Wirklichkeit betäuben will. Wirkliche Erfahrungen macht nicht der, der das Denken verachtet, sondern der, dem es zum Schwerte wird, mit dem er den Drachen der Unklarheit zerspaltet. Wer ein Vorbild der Intelligenzbetätigung sucht, die ganz dem Dienste des Auferstehungslichtes gewidmet ist und die in wärmster Herzenskraft glüht, sei auf Christian Morgensterns Werke hingewiesen. Das Sonnenverbundene zeigt sich auch oft wie bei Morgenstern in der Eigenschaft eines allbelebenden Humors, der die sonst so grausam quälenden Überspanntheiten und Bissigkeiten des Lebens mit einem Goldgespinste überzieht.

Montag

« In jedem wohnt die himmlische Mutter, um jedes Kind ewig zu gebären. » Der Dichter Novalis spricht in diesen Sätzen von einem zukünftigen Menschheitszustand, der erst nach vielen Katastrophen und Leiden allgemein eintritt. Doch ist schon jetzt in jedem Menschen ein Himmlisch-Mütterliches geheimnisvoll anwesend. Wie lange muß man manchmal einen Eindruck, einen Einfall, eine keimende Fähigkeit in sich herumtragen, bis es das Licht der Welt erblickt! Wem Bescheidenheit und Geduld mangeln und jene empfangende Offenheit für alles Nährende und Bauende der ganzen Welt, ohne die nichts reifen kann, der wird nichts von Bedeutung im Leben hervorbringen können, auch wenn ihm das Schicksal viel Stille gewährt. Während umgekehrt ein Mensch, der mit Bescheidenheit trägt, wenn ihn das Leben herumpufft und scheinbar zu nichts kommen läßt, und der dem Wenigen, das ihm wird, die rechte Dankbarkeit entgegenbringt, zu wirklicher Reife und innerlicher Bildung gelangt. Sich zu nähren und zu bilden ist ja auch nur eine von sieben guten und wichtigen Eigenschaften. Wer irdisch sich nur den Ernährungskräften hingibt, der verliert seine Menschenform; wer aber im Seelisch-Geistigen nur immer für sich aufnehmen will, der verliert sie in seiner Seele nicht minder. Niemand kann aber sagen, er habe keine Aufgaben und keine Bekanntschaften, die ihm gestatten, sein Erworbenes weiterzuleiten. Es gibt genug Tote und arme Seelen, die auch gern an dem Geistvollen und Schönen teilnehmen. Wer wirklich so sehr die Einsamkeit ausschließlich suchte oder wem das Schicksal auferlegte, daß er ganz allein ist, der mag zur Mutter der Toten werden und für sie etwas tun.

Im allgemeinen stellt aber das Leben heute so viele Forderungen an jeden, daß die Gefahr des Ertrinkens in der Sinnigkeit eine geringe ist. Eher wird es für viele der Anstrengung bedürfen, um sich auch von Zeit zu Zeit dem Erfühlen der geheimnisvollen Urmutterkräfte des Seins hinzugeben. Dies am Montag zu üben, wo doch der Wiederbeginn der Wochenarbeit mancherlei Unlust mit sich bringt, wäre wichtig. Man möge da gelegentlich an das Mondlied des Matthias Claudius denken:

Seht ihr den Mond dort stehen?
Er ist nur halb zu sehen
und ist doch rund und schön.
So sind wohl manche Sachen,
die wir getrost belachen,
weil unsere Augen sie nicht sehn.

Die einseitige Stimmung, daß alles einen uns nur unbekannten tiefen Sinn habe, könnte den Menschen leicht zur Untätigkeit veranlassen. Deshalb folgt auf den sanften Montag auch der rüstige Dienstag. Die Mondenstimmung selbst ist nicht asozial. Manche verwechseln Besinnlichkeit mit völligem Nichtstun. Der sinnierende Mensch, der das Verborgene bedenkt, gilt ihnen als Faulenzer; aber letzten Endes nur deshalb, weil sie sich selbst in eine andere Einseitigkeit verkrampft haben. In der Mondenstimmung liegt viel ursprüngliche Liebe und Innigkeit. Claudius schließt sein Mondengedicht auch mit einer liebevollen Bitte:

Verschon uns, Gott, mit Strafen
und laß uns ruhig schlafen
und unsern kranken Nachbar auch.

Die Bitte, von Strafen verschont zu bleiben, ist eine etwas zu kurz geratene Formulierung. Gemeint ist stimmungsmäßig wohl auch nichts egoistisch Kleinliches, sondern die fromme Erfüllung des Sinnes mit der Aufschau zur ewigen Vorsehung, die das Schicksal verwaltet und die auch Gnade für Recht ergehen lassen kann, wenn Menschen ganz bereit sind, ihre Fehler selbst in Ordnung zu bringen. Diese Bereitschaft schließt die Bitte ein an die Vorsehung, alles zu tun, was zu einer wirklichen Reinigung nötig ist. Gerade das Reine, Keusche der Mondenstimmung oder der ihr entsprechenden Quellen- und Meer- und Wasser-Stimmung legt eine solche Bitte nahe. Um tragen und reifen zu dürfen, bedarf es der Reinheit.

Nach alter, noch im späten Römertum vorhandener Überzeugung findet die Seele des Menschen bei ihrem Herabstieg zur Erdengeburt ihr persönliches Schicksal in dem geistig erlebten Mondengebiet. Das Schicksalhafte, das auch in der Tatsache sich ausspricht, ob man als Mann oder Frau geboren wird, trennt den Menschen vom Ur-Menschlichen in ein besonderes Sein, in seine Persönlichkeit. Stufenweise kann diese Sonderung überwunden werden z. B. in der erstrebten Lebensgemeinsamkeit von Mann und Frau. Stufenweise in den großen Rhythmen des Daseins erringt der Gang der Menschheitsgeschichte das verlorene Ur-Menschliche wieder. Ob wir diesem Ringen, dem Geiste der Zeit gemäß, recht gedient haben, danach wird man uns fragen im Totengericht. Ob wir unser Lebenspäckchen so getragen, daß auch ein echter Sinn für das große Menschheitsleid und für das künftig zu gebärende Geisteskind im Seeleninnern in diesem Tragen lebte.

Mit dieser Mahnung steht in stillen Augenblicken das ganze Dasein erwartungsvoll vor uns. Da fühlen wir die mahnende Mutter des Seins; da fühlen wir die wandelnde Glocke der Ewigkeit, die uns zu holen kommt zur Anbetung des Geheimnisses, auch wenn wir unserem persönlichen Belieben nach in die Kreuz und Quer irrlichtelieren ...

«... Doch vor ihm steht noch ehern unverwandt
äonengroß sein menschheitliches Los.»
(Christian Morgenstern)

Bis ans Ziel der Erde muß unsere Geduld und Bereitschaft reichen. Aber Der die ganze Welt trägt, wie es Ihm der Vater gibt, Er wird uns in Seinen bergenden Mantel nehmen. In Christus lebt auch die Weltenmutterkraft. Die Madonna ist ein Ur-Erlebnis jedes Menschen.

—

Wer schwankt denn da zur Tür herein
mit einem schweren Bündel?
Ach ja, es wird der Montag sein.
Er winkt: « Komm her, mein Mündel!

Ich bringe dir ein Spieglein mit,
besieh dich recht von innen,
und still mit allen Menschen quitt,
kannst du's von vorn beginnen.

Die Mutter und ihr mildes Licht,
sie lassen vielmals grüßen:
vergiß auch Spiel und Schaukeln nicht
vor lauter Sündenbüßen. »

Am Montag ist gut, ein wenig Schifflein fahren oder mit Wasserfarben malen; sein Ohr an Brunnenstuben legen; Madonnen betrachten und Wiegen- und Wellenliedlein singen.

Komm, lieber Mond, und geh mit mir,
man schließet nun die Lebenstür.
Weit unten liegt schon Leib und Erde,
sprich du zu mir ein weckend: Werde!

Du trägst mich, Meister, lange schon;
war für dich schlechter Schöpferton.
Doch sang ich deine Gottgeduld
und hoff' auch jetzt auf deine Huld.

Verborgne Burg der Weisheit du,
nimm mich nun auf in deine Ruh!
Und laß in deines Silbers Licht
die Furt mich finden im Gericht!

Dienstag

Das dröhnt durchs Haus mit Schwert und Schild.
Der Dienstag ist's. « Herein! Es gilt! »
« Ist hier vielleicht ein Mensch mit Mut? »
« Weiß nicht. Doch setzt man mich in Wut
mit dummer Frag' und dreistem Quengeln.
Mit glühnden Eisenschienen bengeln
tät ich darauf mit Hochgenuß. »
« Sehr höflich. Doch es braucht zum Guß
der Glocken, die die Zeit erwecken
vom Sinnenschlaf, noch einen Recken. »
« Der Meister braucht mich? » « Quengle nicht,
wer rufen hört, ist schon in Pflicht
genommen, daß er sich besiegt,
dem Zorn entsagt und mit mir fliegt.
Die große Milde steht am Himmel
und kämpft. Frisch! Sattle deinen Schimmel!
Zu klein ist heute blinder Streit.
Ein Größrer braucht dich! Sei bereit! »

Die Vorstellungen, die man vom Mars sich bildet,
beziehen sich sehr stark auf seinen Dämon, sie sind

zu raufboldartig. Viele Menschen bekommen auch gleich Angst, wenn der Planet Mars in Erdnähe kommt. Dabei wird gar nicht berücksichtigt, daß ein solcher Planet sich auch teilweise sehr geändert haben kann, seit eine alte Sternenkunde ihre Aussagen machte. Bildlich kann einem das vorkommen, wie wenn die Hirten Angst gehabt hätten vor dem Wolf, der dem heiligen Franz schon längst eine Patschhand gab und friedfertigen Gemütes einherging. Oder wie wenn jemand Angst gehabt hätte vor dem Gralskönig Parzival, weil er dessen Schwert einmal kennenlernte, während dieses im Kampf mit Feirefiz längst zerschlagen war und Parzivals Mut auf höheren Gebieten sich betätigen konnte. Das Blut des Menschen ist ein Eisenträger, das Eisen verleiht dem Menschen Frische. Aber die Frische und Tatkraft kann sich einsetzen für höchste Kulturwerte, z. B. um noch im Greisenalter einen Parsifal als Bühnenweihfestspiel zu schaffen. Oder die kriegerische Energie kann sich auswirken im Darstellen von Michaels Kampf mit dem Drachen und damit verbundenem Aufzeigen des Drachenartigen mancher Lebenslüge und -gewohnheit, die als solche nicht erkannt ist. Die alten Germanen können nicht verdächtigt werden, unkriege-

risch gewesen zu sein. Aber ihr Mythos vom Welt-
untergang stellt dar, wie ihre kriegerischsten Götter
erliegen im Kampf, Odin gegen den Fenriswolf, Asa
Thor gegen die Midgardschlange, Ziu gegen den Höl-
lenhund Garm. Nur einer tritt dem Fenriswolf in
den Rachen, der sich bisher von allen Kämpfen zu-
rückgehalten, der ruhige, sinnende Ase Widar. In diesem Mythos zeigt sich, wie der Mut auch übergehen
kann in eine großzügige Kraft der Entsagung und
erkennenden Selbstbeschränkung. Zur vollen wirk-
samen Entfaltung des Mitleids ist dann nur noch ein
Schritt. Mut und Mitleid, Mitleidsmut, das ist in unseren Tagen das befreiende, strahlende Wesen eines
vor dem Zeitgeist möglichen Ritterlichen. Gesinnung
und Einsatz eines christlichen Rittertums tun dem
heute sich so breitmachenden Bürokratismus und
Schablonentum als Lebenserfrischung not. Was als
bloßes Wissen oder bloße Meinung der Kopfmenschen
sein Wesen treibt, führt den Menschen zur Seelen-
kälte und selbstsüchtigen Vereinzelung; der Starkmut
aber, der aus durch Besonnenheit, Geduld, Mitleid
veredelten Blutestiefen spricht, verbindet die Menschen zu kraftvollem Gegenwartssein. Daß der
Kampf ein Vater aller Dinge ist, wußte im Altertum

Heraklit von Ephesos; daß das Mitleid das Kind des Mutes ist, dürfen wir wissen. Es belebt die Tatkraft wahrlich nicht weniger als die bloße Kampfbegierde. Dieses Kind wird das Schwert der Unterscheidungskraft schwingen und Dreistigkeit entlarven, daß sie nicht den Geist des Kampfes, sondern seines Dämons und der Trägheit und des Stolzes hat. Das menschliche Leben wird durch solchen Marsgeist Züge gewinnen, die es zur Hüterschaft und Ritterschaft des Grales befähigen. Im zweiten Teil von Goethes Faust, wo Faust nach dem Tode aufsteigt, weht schon solcher Geist. Es kommt aber darauf an, mit solchem Geiste ins Leben zu schreiten und auch mit mutvollem Wort das Unreinliche in seine Schranken zu verweisen:

> Was euch nicht angehört,
> müsset ihr meiden,
> was euch das Innre stört,
> dürft ihr nicht leiden.
> Dringt es gewaltig ein,
> müssen wir tüchtig sein,
> Liebe nur Liebende
> führet herein!

Wie Guido Renis Michael seinen Fuß dem Satan auf das Haupt setzt, so wird entflammter Liebemut, der um das Wiedererringen des Geistes für die Menschheit kämpft, das verhärtete Kopfwissen unserer Zivilisation besiegen. Mögen auch manche Vernichtungsstürme sich noch ereignen müssen; des Geistentflammten Gebet kann ihnen gegenüber nur das des Pater ecstaticus in Faust II sein:

> Ewiger Wonnebrand,
> glühendes Liebeband,
> siedender Schmerz der Brust,
> schäumende Gotteslust.
> Pfeile, durchdringet mich,
> Lanzen, bezwinget mich,
> Keulen, zerschmettert mich,
> Blitze, durchwettert mich!
> Daß ja das Nichtige
> alles verflüchtige,
> glänze der Dauerstern,
> ewiger Liebe Kern.

Am Dienstag ist gut, Speer zu werfen und in Wellenkämme zu schwimmen; dem Lärm der Hufschmiede zuhören, Sensen dengeln, Sensen wetzen, mit Schlüs-

seln klingen und an Eisenstäbe schlagen; an Gottes
Heerschar denken und laut die Worte Goethes sprechen und dazu schreiten:

> « Der Ruf des Herrn,
> des Vaters tönt;
> wir folgen gern,
> wir sind's gewöhnt.
>
> Geboren sind
> wir all zum Streit,
> wie Schall und Wind
> zum Weg bereit! »

—

Ich lag mit jemand nachts im Streit.
Es ging um die Gerechtigkeit.
« Tat mir was weh, so schlug ich zu.
's war Dienstag heut. Laß mich in Ruh!
Wo nicht, so ist's ein Ritterschlag,
der mir zum Lohn gebühren mag! »
Rucks steckte man mich huckepack
in einen groben Kettensack
und stach und puffte auf mich ein,
da möcht' der Teufel Ritter sein.

Am Galgenberg ward aufgemacht:
« Zur Hinrichtung nun aufgewacht! »
Mit Grimm sah ich den Büttel an,
der mir das alles angetan,
und sah – « gleichst du nicht auf ein Haar? ... «
und sah – daß ich es selber war.

Mittwoch

Der Mittwoch ist ein findiger Geist,
der gern von einem zum andern reist.
Wo etwas starr und steif dasteht,
er gleich ein wenig dran herumdreht.
Wie Odhin kennt er viele heilige Zeichen
und will sie gern den Heilgesinnten reichen.
Sein Wanderstab kam weit herum,
er liebt ein buntes Publikum.
Am liebsten hing er allen Schicksalspacken
und streitgelüstigen Spieß und Zacken
ein heitres Flügelpärchen an.
Doch mancher liebt den würd'gen Wahn
weit mehr als einen luftigen Wimpel
und bleibt ein schwergeprüfter – ...
Nähm er sein Leid doch in die Hand,
wie wenn man ein Stück Letten fand,
an dem man quetscht und drückt und schaut,
bis sich ein Leuchter auferbaut.
Bis sie ein luftiger Falter werde,
bedarf die Raupe dieser Erde
noch mancher lichten Zukunftsschwingen;

die sollst auch du ihr munter bringen.
Und eh du dich's versiehst, so fand
auch dein Gemüt ein neues Land.
Es gibt kein größres Abenteuer
als Wandern mit dem Wandlungsfeuer.
Wer aber Welt und sich verwandelt,
der hat am besten eingehandelt.
Und wird zuletzt noch mit dem Stein der Weisen,
weil er ihn selber ward, zum Himmel reisen.

Der griechische Weise Pherekydes von Syros (6. Jahrhundert v. Chr.) nannte die Erde eine geflügelte Eiche. Die Eiche ist der Baum des Mars. Pherekydes schaute in diesem Bilde, wie das während der ersten Hälfte der Erdenentwicklung in notwendiger Mission wirkende Martialische seine Herrschaft abgibt an das Merkuriale, Heilende, Menschen-Verbindende. Das strenge und blutig rächende Gesetz wird abgelöst und erfüllt durch die Liebe. Das mosaische « Auge um Auge! Zahn um Zahn! » geht über in das « liebt das Böse gut! », wie Christian Morgenstern es ausdrückt. Die Blutrache wird, in einer Zeit des Übergangs, abgelöst durch objektive Einrichtungen der öffentlichen Rechtspflege, die die Rechte der einzelnen

Persönlichkeit wahrnimmt und mit denen der andern abwägt. Die Mitglieder des alten Areopag, des Athenischen Gerichtshofes, offenbar Träger einer altehrwürdigen Ares- (Mars-) Offenbarung, mögen zu ihrer Zeit wichtige Stützen des attischen Geistes gewesen sein. Aber zur Zeit des Auferstandenen wird einer von ihnen, Dionysius, genannt der Areopagite, Schüler des Paulus und ein Träger der Christusweisheit. Auf ihn gehen später öffentlich gewordene und aufgezeichnete Lehren und Schriften zurück, die im Gegensatz zu der von der päpstlichen Kirche übernommenen römischen Jurisprudenz nicht einen Kanon von Geboten, Übertretungen und Sühnestrafen enthalten, sondern aus platonischem Geiste geschaute Beschreibungen des Waltens der himmlischen Wesen. Das ganze Mittelalter, insofern es den Christus nicht römisch-streng als Weltenrichter, sondern griechischmenschenfreundlich als Heiland der Seele begreifen wollte, zehrte von dieser Weisheit des Dionysius. Die Legende berichtet, er habe in Ägypten zur Golgatha-Stunde die Sonnenfinsternis beobachtet und dabei erlebt, daß das Heil der Welt ans Kreuz geschlagen wurde. Der Mars-Mensch wird Merkur-Mensch. Der Merkur-Mensch wird der eigentliche

Kulturförderer. Im Mittelalter sind es die Orient-Fahrer, Kreuzritter und Kaufleute, die neben der dogmatisch erstarrten Kirche durch ihre Sagen und Erzählungen ein menschenfreundliches Geistesleben schaffen. Die Marskräfte selbst müssen von den Merkurkräften durchdrungen werden, wenn sie weiterhin fördernd wirken sollen. In einer Zeit, da die Merkurkräfte noch nicht in Reinheit des Geistes wirken, geht die Führung der großen Weltangelegenheiten vom Kriegsgeist über an den Geist des Weltverkehrs und Handels und manchmal an dessen Dämon, den Händlergeist. Bald aber gestalten die Ideen der Erfinder das Antlitz der Erde und des Lebens tiefer um, als Kriege es jemals früher vermochten. Und in der Zeit, da Napoleon wie ein Dämon des Mars durch Europa fegt (womit jedoch nicht Napoleons volle Wesenheit beschrieben sein soll), da sind auch höchste Leistungen merkurialen Geistes in die Erscheinung getreten. Lessing hatte schon aus den Bedingungen des freien, nicht dogmatisch gebundenen abendländischen Geistes heraus als eine Forderung des Denkens die Lehre von der Seelenwanderung, vom Entwicklungsweg der Seele durch verschiedene menschliche Verleiblichungen aufgestellt. Goethe stellt seine Anschauung von der Metamorphose der Pflanze dar und begründet damit eine Naturwissenschaft, die zu dem gesetzmäßig Notwendigen den Anteil der Verwandlungskräfte am Naturgeschehen findet. Hegel bildet seine Philosophie aus, in der er den Geist in seinen verschiedenen Wandlungsstufen aufsucht. Wissenschaft ist nicht ein kaltes gesetzliches «Daß», sondern ein Bewußtwerden des «Wie» im lebendigen Mitwandeln mit der Erscheinungen Fülle. In einem Briefe des greisen Goethe an den Kanzler von Müller (1828) kommt erleuchtend das Wandeln mit dem Zauberstab der Entwicklung und des «Gestaltend-Umgestaltend» als eines Schöpfungsprinzipes zum Ausdruck:

(Zum Aufsatz «Die Natur») «... Die Erfüllung aber, die ihm fehlt, ist die Anschauung der zwei großen Triebräder aller Natur: der Begriffe von Polarität und von Steigerung, jene der Materie, insofern wir sie materiell, diese ihr dagegen, insofern wir sie geistig denken, angehörig; jene ist in immerwährendem Anziehen und Abstoßen, diese in immerstrebendem Aufsteigen. Weil aber die Materie nie ohne Geist, der Geist nie ohne Materie existiert und wirksam sein kann, so vermag auch die Materie sich zu steigern, so wie sich's der Geist nicht nehmen läßt, anzuziehen und abzustoßen; wie derjenige nur allein zu denken vermag, der genugsam getrennt hat, um zu verbinden; genugsam verbunden hat, um wieder trennen zu können.»

Bei Goethe sind solche Anschauungen aus dem vollen Leben und gediegenster Beobachtung herausgewachsen. Und wie sie von einem beschwingten Geiste erwandert wurden, so drängen sie wie ein Geisteswanderstab den ins Lebendige, der sie aufnimmt. Wieviel Verdrossenheit würde beseitigt, wenn der Mensch mit den Tatsachen der Entwicklung, dem Grundtrieb zur Steigerung und Vervollkommnung wirklich rechnete. Und wie viele aus Verhocktheit und Verstocktheit kommende Krankheiten der Seele wie des Leibes könnten geheilt werden, wenn man sich der Verdrossenheit zur Entwicklung entschlüge und in diesem Sinne dann die Menschenliebe einen ergriffe. Jeder Verlust wird zum Gewinn, wenn man ihn nur erst freundlich fragt, was aus ihm heraus entwickelt werden soll. Lebensbegegnungen können auch meinen, daß man jetzt etwas verlieren soll. Im Märchen von den Sterntalern gibt das arme Kind, der Forderung des Augenblicks folgend, alles dahin, bis sich ihm die ganze Sternwelt schenkt. Nicht anders mag es sein mit der Seele, die nach dem Tode die große Reise antritt. «Der Gläubiger sind so viele» (Faust II), der Kosmos nimmt uns alles ab, was wir von ihm zu Lehen hatten, übrigbleibt das Ich, «ewiger Liebe Kern».

Man kann ruhig allerhand Fähigkeiten und anderes im Leben besitzen, aber nur wenn es getragen wird aus dieser Leichtigkeit des Nichtsmehrhabens, nur wenn man wandert von jenseits des Todes her, aus der Besitzlosigkeit und Heimatlosigkeit her, werden die rechte Leichtigkeit, Schwingenkraft, Freundlichkeit und Teilnahme auf Erden sich entwickeln. Das ist das Glück: Wert um Werte tauschen können wie der Hans im Glück und frei sein vom Errungenen! Waltet nicht im Weltall selbst auch ein solcher Geist des Freiseins? Es ist voll da, und jede Entwicklungsstufe ist wirklich, aber alle Welt zusammen ist letztlich doch nur Schale des Werdens, ist Maja, ist Gnadenteppich, auf daß wir unser wahres Wesen immer freier und tiefer finden und rründen! In des einundachtzigjährigen Leo Tolstoi Legende von der Kanne wird bei jeder neuen Liebes- und Entsagungstat die Kanne wertvoller, aus Holz zu Silber, aus Silber zu Gold. Zuletzt glänzen auf ihr sieben Diamanten, die zum Himmel aufsteigen und das Gestirn des Bären werden! Ja, Entsagung, Opfer, freier Wandergeist wallt in Kosmos und Menschsein. Wer um des Heiles willen entsagt, statt zu besitzen, der wird die Schwingen dieses Wandergeistes finden. In der Gestalt des Odhin, und wohl im tiefsten Untergrund der Seelen, die die große Völkerwanderung in den ersten nachchristlichen Jahrhunderten bewirkten, lebte solcher Wandergeist. «Fahrten tat ich viele, vieles auch erforscht ich, maß mich mit vielen Mächten ...» (Odhin in der Edda). Odhin opfert sein Auge, um an Mimirs Quell Weisheit zu trinken und den Geist der Weltgeschichte zu verstehen. So haben auch die Menschen ihr Hellsehen und Wahrträumen hingeben müssen, um wache Persönlichkeiten zu werden. Aber sie können nun mit der Kraft der Persönlichkeit in Wachheit das höhere Ich aufnehmen, sich mit dem Christus verbinden, um in ihm die ganze Welt zu verwandeln und in einem ichdurchleuchteten Kosmos zuletzt wiederzufinden.

Am Mittwoch ist gut, eine Fahrt zu tun und eine Furt zu finden, also z. B. anderen aus der Patsche helfen; in Christian Morgensterns Buch lesen «Wir fanden einen Pfad »; alles, was man hat, dem ganzen Kosmos schenken und es aus Christi heilenden Händen wieder empfangen zum Begehen des Lebensweges; Besuche machen und in echter Wertschätzung des andern höflich sein, auch wenn er sich nicht bekehren läßt; etwas kaufen zum Herschenken und ein paar Pfennige zum Fenster hinauswerfen, damit man merkt, daß Geld nur einen Sinn hat, wenn man es rollen läßt; etwas Seiltanzen, wenn man betrogen worden ist; will aber einer durch Beleidigungen dir deinen Wert rauben, so wandre zu Welle und Wind und sprich aus Goethes « Gesang der Geister über den Wassern »:

> Vom Himmel kommt es,
> zum Himmel steigt es,
> und wieder nieder
> zur Erde muß es,
> ewig wechselnd.

Donnerstag

Das Königliche im Menschen! Es konnte, ehe die Ichpersönlichkeit in der Menschheit sich entwickelt hatte, nicht von jedem erlebt werden. Als Weltengottesmacht war es über und außer ihm, und in Wesen und Taten der großen Herrscher wirkte es auf seine Seele. Deren Macht und Besitz wurde aber anerkannt, weil die Seele durch das instinktiv-geistige Fühlen im Ausüben des Herrschertums das berechtigte Abbild einer Eigenschaft des Göttlichen empfand. Am Schicksal seiner Herrscher bildete sich der einzelne seine Anschauung des menschlichen Lebens. Der Herrscher wurde empfunden als eine Art Weiheträger, der das Irdische und Geistige weisheitsvoll und würderichtig zu verbinden hatte. In dieser Richtung liegt ja auch ursprünglich der Sinn zeremonieller Gepflogenheiten. Der Herrscher regelte Handel und Wandel, den Krieg, die Bewirtschaftung; er verband mit sich die Künstler und – den Narren, den Narren, der die Aufgabe hatte, zum Würderichtigen hinzu die Stimme des allgemein Menschlichen geltend zu machen. Die Strahlenkraft des Hochsinns und Edelmutes mußte vom Herrscher ausgehen, wie er diese vom Glanze des göttlichen Wesens zu empfangen berufen war. Man weiß z. B. noch von den alten Ägyptern, wie gründlich sie ihre Herrscher heranbildeten in allen irdischen und geistlichen Dingen. Heute hat der Mensch – vermöge der durch Christus für alle errungenen Möglichkeit, im wachenden Ich sich zu erleben – in seinem eigenen Leben ein Feld, wo sich die königliche Eigenschaft eines hochsinnigen Anordnens entfalten kann. Und das Königtum bleibt da nicht Bild oder Herrschaft von außen, sondern wird persönliche Eigenschaft. Jedem, der in die Fünfzigerjahre seines Lebens kommt, gehen, wenn er sich nicht gewaltsam verschließt oder in die Fesseln seines eigenen herrschsüchtigen Wesens selbst geschlagen hat, einmal die Augen auf darüber, wie man manches im Leben hätte besser machen können, aber auch darüber, wie höherer Mächte Weisheit im Weltenbau und Menschenschicksal waltet. Junge Menschen wären oft gern schon alt, da spricht sich die Sehnsucht aus nach der auch durch die äußere Lebenserfahrung und den Kampf mit den Widerständen erprobten Königsweisheit. Und es ist für junge Menschen immer eine schwere Enttäuschung, wenn sie in den Alten dieses

Königliche vergeblich zu erleben suchen. Man soll es auch nicht nur vom höheren Alter erwarten. Jeder Mensch, auch der junge, kann ein König sein, wenn auch vielleicht sein Reich zunächst klein ist: Er kann den weisheitsvollen Ideen sich hingeben und nach allseitiger Erweiterung seiner Interessen streben; er kann schon früh Idee und Menschenliebe verbinden, kann versuchen, in dem ihm Gegebenen ein liebevoller Anordner zu sein und Gott die Ehre zu geben in allem, wo er sich mit Materiellem berührt; dann wird er das Aufgehen des Geistesauges tief ahnen oder schon erleben. Der König regiert den Zusammenklang des Objektiven mit dem Subjektiven, des Äußeren mit dem Inneren in sinnreichem Offenbarwerdenlassen des Göttlichen und hochgemut tätigem Lebensregeln. Menschen, deren Beruf es ist, aus weiter Überschau und zusammenfassender Einsicht zu wirken, erfahren es, daß sie ohne wahre Herzensgroßzügigkeit und Ehrfurcht vor den göttlichen Mächten nur auf Verstandeskälte und Brutalität zurückgreifen könnten. Wer, ohne ein Schatzhaus an menschlichem Hochsinn zu besitzen, vor zusammenfassende Aufgaben gestellt wird, ist zum Scheitern verurteilt. Wer aber feststellt, daß in seinem Wesen der Menschenverachtung zu wenig liebreiche Weisheit entgegensteht, dem mögen Gnadenmächte verleihen, daß er wenigstens den Dämon des Ehrgeizes zügle und sich zurückhalte vom Ausüben von Herrschaft; möge er andere walten lassen, ehe er den Seinen das würdelose Bildnis der Tyrannis bietet. Man denke da nur nicht gleich an Iwan den Schrecklichen; mancher kleine Bürochef, manche herrschsüchtige Familienfürstin leben da vorbei am wahrhaft Würdigen – ohne daß ihnen der Hausnarr die Wahrheit sagen darf. Die erste und unerläßliche Bedingung, um « König » zu werden, die aber jedes Menschen Hochziel sein muß, ist heute, in Worten Christian Morgensterns ausgesprochen, diese:

Geschöpf nicht mehr, Gebieter der Gedanken,
des Willens Herr, nicht mehr in Willens Frone,
der flutenden Empfindung Maß und Meister,
zu tief, um an Verneinung zu erkranken,
zu frei, als daß Verstocktheit in ihm wohne,
so bindet sich ein Mensch ans Reich der Geister,
so findet er den Pfad zum Thron der Throne.

Am Donnerstag ist gut, große Orgelwerke hören und auf den Aufbau der Zinnpfeifen blicken; durch hohe,

edle Hallen schreiten; alles Kleinliche vergessen im
Aufblick zum Sternendome; ein Bild des Menschen
formen mit Königskrone und heiligen Scheinen; den
Elementen ansagen, daß der König im Menschen-Ich
geboren ist; in Kristalle sehen und für alle Blinden
beten, daß das Gotteslicht der Welt sie erhellen möge;
allen Verzagten aber mit freundlichem Humor dieses
sagen: wie einst ein König in tiefer Not das Wort
gesprochen, das des Königtums jedes Menschen wür-
dig ist: «Was seid ihr so furchtsam doch? Gott und
ich leben ja noch!»

—

Der Donnerstag sagt dir ein Königswort:
«Was ist des Menschen Ehr' und Hort?
Daß dir im Reden, Tun und Denken
die Götter Gold, Weihrauch und Myrrhen schenken.
Ein Königreich allein ist noch
für dich zu klein; du mußt das Joch
der Herrschaft gleich von dreien Reichen tragen.
Wer horchen kann, dem kann man's sagen.
Zum ersten muß dein Denken rein
wie eine goldne Krone sein.
Zum zweiten: Wo du sprichst dein Wort,

das sei ein heiliger Weiheort,
weil Lipp' und Zung und Lung' und Luft sich freut,
wo Gott zu Lob des Edlen Saat man streut.
Das dritte kennt nur der, der täglich stirbt,
gerichtet ist, der Sterne Schau erwirbt:
Die Ewigkeit lebt in der Erdentat
des Ichs, das ganz sich Gott ergeben hat.
Tönt das in deiner Seele voll,
man dich zur Krönung holen soll.
Ein Kerzensaal soll den Geweihten ehren,
der sich verzehrt, um Gottes Reich zu mehren. »

Freitag

« ... und schärfste Bedrängnis
entschädigt es, Schönes schaffen zu können ».

Eigentlich sollte jedermann in der Lage sein, diesen
Satz der Edda aus den Sprüchen Odhins von sich
selbst auszusagen. Die Behauptung mancher Menschen, sie seien nicht « künstlerisch veranlagt », ist in
demselben Sinne unwahr, wie wenn jemand sagte, er
sei nicht als König geboren. In jedem Menschen
schlummern die königlichen Eigenschaften. Und so
auch das Künstlerische und der Sinn für das Schöne.
In einem solchen Grade deutlich wie z. B. beim Gehen
und Sprechen ist es zwar nicht, daß die den sieben
Wochentagen entsprechenden Eigenschaften zur Natur des Menschen gehören. Man kann aber unterscheiden zwischen dem, was man unabänderlich schon
besitzt, und dem, wozu man nur erst veranlagt und
bestimmt ist und das man in Freiheit erwecken und
pflegen kann. Die Michaellegende von der hohlen
Fußsohle deutet an, wie wir die Fähigkeit des schönen, aufrechten Gehens, die ja vom Bau der Fußsohle

abhängig ist, der in Urzeiten geschehenen Opfertat
Michaels verdanken. Zeigt nicht auch die Tatsache,
daß trotz der Nüchternheit und vielfältigen Brutalität des modernen Lebens immer noch anmutige Kinder geboren werden, wie die Lebenskräfte des Menschen lange und tief das Schöne festhalten? Und
offenbart nicht auch die Tatsache, daß z. B. in Län-
dern, wo die Mütter viel schöne Madonnengemälde
sehen, Kinder geboren werden mit Madonnengesich-
tern, die Fähigkeit des Menschen, das Schöne in sein
ganzes Wesen sich einzubilden? Und werden nicht
Kinder, in deren Erziehung Märchen, Phantasie und
Kunst hereinwirken, oft viel praktischere, tüchtigere
und gesündere Menschen im späteren Leben als solche,
in denen Nüchternheit oder Tugendfanatismus die
feineren Kräfte zerschlagen haben? Wir halten heute
über die ganze Erde hin viel von z. B. Tatkraft und
Einsatzbereitschaft. Und diese vermögen auch viel
gegen Wildheit und Schlamperei. Aber die Edda hat
darüber ihre besonderen Anschauungen: Asa Thor
hatte eines Morgens seinen Hammer verloren an die
Gewalt des Riesen Thrym, der ihn nur wieder her-
geben wollte, wenn man ihm Freya als Braut bringe.
Das war unmöglich, und Thor mußte sich Freyas

Kleider, Schmuck und Flügel leihen, um verkleidet als Braut ins Reich des Riesen zu fahren. Als der Hammer gebracht wurde, um die vermeintliche Braut zu weihen, ergriff ihn Thor und erschlug den Riesen. – Die an das Temperament gebundene Persönlichkeit ist im Lebenskampfe der Gefahr des Verlustes ihrer eigenen siegenden Kräfte ausgesetzt, und sie kann sich von der Verwilderung nur durch eine Anleihe bei den Kräften des Schönen, Zarten, Feinen, Anmutsvollen zurückholen. Die tapferen alten Germanen wußten um die weltgestaltende Kraft und stärkste Wirksamkeit des Schönen. So bekommt auch von den Toten Odhin die eine Hälfte, die andere aber Freya. Manchmal wurde gesagt, die Erscheinung des Schönen, z. B. eine Blüte oder ein schönes Menschenwesen, ergriffen uns deshalb so sehr, weil die Gewißheit des Verwelkens und der kommenden Alters- und Sterbekräfte schon in uns auftauchte. Ist es aber nicht vielleicht umgekehrt? Was schön ist, ist nicht nur ein Werk des Lebens, sondern es ist so, daß wir uns einen Reigen der Unsichtbaren darum denken können! Wenn Eduard Mörike dichtet: « Was aber schön ist, selig ist es in ihm selbst », so dürfen wir dies auch so aussprechen: Es ist eine Stätte, wo das Materielle seines Fluches entkleidet wurde und dem Frieden und der Kraft der Göttlichkeit und des Ideals anheimgegeben ist. Wir fühlen die in Liebe waltende Frommheit der Welt, in der dereinst einmal auch unser eigenes Wesen erstrahlen wird. Wie viele Läuterungen unserer Wildheit mögen schon nötig gewesen sein, um uns das Schöne empfinden zu lassen; und wie viele Tode müssen wir noch sterben, um ganz das im Schönen erscheinende Ideal einer Kommunion zwischen Geist und Stoff selbst zu werden und zu erreichen! Das Erlebnis des Schönen erfüllt uns mit Todesbegeisterung, weil es in uns die Sehnsucht nach Reinheit erweckt und durch seine vorübergehend erscheinende Wirklichkeit an die Wirklichkeit einer dereinstig ewigen Welt der Liebe prophetisch mahnt.

« Mit Rosen will ich drum zu Tisch, mit Rosen
[schlummern gehn.
Mit Rosen steigen in die Gruft, mit Rosen auferstehn. »
(C. F. Meyer, Thibaut von Champagne)

Am Freitag ist gut, in schönen Gärten wandeln oder sich mit Gemüsebau beschäftigen, denn die Venus liebt das Grün und hat insbesondere alle Gewächse

mit dem Reichtum ihrer Anmut beschenkt; Raffaels
Madonna Sistina betrachten; ein wenig Leier spielen;
in Robert Hamerlings Werken lesen; ein Kupfer-
kännchen streicheln; an Rosen riechen; ein wenig Tau
lecken von schönen Blumen; und die Mächte, die das
Morgenrot her<aufführen, bitten um Hilfe gegen alle
unreinen Gelüstigkeiten.

—

Wär' ich nicht heut in aller Herrgottsfrühe
schon aufgestanden, durft ums Haar ich nicht
dem Freitag schauen in das Angesicht.
« Warum verbirgst du dich im Tränenschleier? »
rief ich entsetzt. « Wo sind die echten Freier? »
sprach sie, « nicht einer hat mich hergebetet.
Wo ist, der mir zum Preis ein Frühlied flötet? »
Ich schämte mich. « Doch lohn' ich deine Mühe,
daß du von mir manch gutes Wort gesagt.
Denn wahrlich, leichter ist's und nichts gewagt,
wenn man von mir mit Augenzwinkern witzelt
und Seelen zu gelüstigen Wünschen kitzelt.
Siehst du den Dämon dort, wie schnell er zieht?
Die Wollust ist's, die vor dem Tage flieht.
Will man mich ewig schmähn mit ihrem Bilde,

nur weil ich in der Sittenrichtergilde,
sie zu verdammen, nie mich aufgehalten?
Vergaß man ganz den Lebenssinn der Alten?
Sie ließen mich in Park und Feldbau schalten;
nicht fremd dem Alltag ist das edle Schöne,
nur daß ich mich ans Feilschen nicht gewöhne
und lieber sehe, wenn ein trunkner Geist,
der mich mit Sang und Saiten seligpreist,
ein wenig schlecht die guten Sitten hält,
als daß nur das Gesetz regiert die Welt.
Du weißt, der echte Künstler liebt die Treue
und Reinheit ehrt, den wirklich grüßt das Neue.
Kein Kunstwerk ist's, die Sünder zu verdammen.
Ach käm' der Tag, zu reinigen starke Flammen
durch echter Andacht fromme Gottestriebe.
Willst du mit mir ein wenig gehn zum Tanze? »
Ich zögerte; verführte sie mich nicht?
« Ich lohne dir mit einem Dornenkranze. »
Und sie entschleierte ihr Angesicht.
Welch Antlitz! « Bist du Christ auf Golgatha? »
« Ich bin es nicht, jedoch ich bin ihm nah.
Kein Ostern blüht, kein Hoffnungsrosenglanz,
der nicht erwachsen aus dem Dornenkranz.
Nun zeigt' ich dir mein allertiefstes Leben

und habe mich in deine Hand begeben.
Du ehrst mich, wenn dir deiner Leiden Feuer
als Saite tönt zum Rosenabenteuer
der Zukunft, und ich höre deine Tugend
in meinem Hoffnungsreich als ewige Jugend.»

Wochentage-
Spruchreihen

Samstag   Wer kennt die Zeit und geht in sichern
                            [Schuh'n?
            Wer Gott sich weiht im Tun und Ruh'n!

Sonntag   Wer schaut herum und liebt doch traut?
            Besonnenheit heißt diese Braut!

Montag   Was zweigt und schweigt und steigt doch
            Bescheidenheit!   [weit?

Dienstag   Wer ist am besten bewehrt?
            Der allzeit Edles ehrt!

Mittwoch	Was gibt Gelingen?
	Springen, singen, sich lichtwärts schwin-[gen!
Donnerstag	Wo offen sein soll Aug und Ohr?
	Loht Hochsinn und Wohltat empor!
Freitag	Was wahrt vor kalter Macht Gefahr?
	Achtung des Schönen, das des Weltalls [Anfang war!

II

Sonntag	Trau dem Weltenbau!
	Mit der Sonne schau!
Montag	Sei vom Scheine frei!
	Reife und verzeih!
Dienstag	Weh-wach wacker geh
	durch die Welt! Besteh!
Mittwoch	Gib! Besitze nicht!
	Zieh von Licht zu Licht!

Donnerstag	Zu der Höhen Chor ordne dich empor!
Freitag	Elf und Quellen nah Bragis Kraft empfah!
Samstag	In des Guten Ruh weiht dich Gott dazu.

III

Sonntag	Der Sonne Laut klingt immer traut.
Montag	Im Welten-Ei bin ich dabei.
Dienstag	Wie es auch fällt, hab lieb die Welt.
Mittwoch	All Menschenwitz zerschmilzt ein Blitz.

Donnerstag	Der Götter Wort bleibt Haus und Hort.
Freitag	Wer was vollbracht, schenkt andern Acht.
Samstag	Ein Sternenhut macht alles gut.

IV

Die Wandelsterne

Der Engel: Die Seele, die vom Himmel niedersteigt,
daß sie, der Erde treu, sich einverleibt,
sie hat den Lockruf Luzifers bestanden,
der sie erhalten wollt' in Geisteslanden.
Auf Erden haust der finstre Ahriman,
zu schlagen sie in der Vererbung Bann.
Doch Christus und die Wandelsterne weisen
dem Ich die Bahn, zu streben und zu kreisen.
Wie immer Du sie magst benennen,
Dein eignes Leben wird sie kennen.

Mond: Laß alles, was da wachsen soll, gedeihn!
  Für jeden gilt: Der Mensch darf Mutter sein.

Merkur: Tausch Wert um Werte, Beßres zu erringen!
  Die Schwingen regen, läßt Dich lichtwärts dringen.

Venus: Andacht zum Schönen, Guten, Wahren
  mag Dir der Seele Kraft wie Reinheit wahren!

Sonne: Umrätselt viel Dich, manches ist auch traut.
  Hör nur genau! Rauschts nicht wie Sonnenlaut?
  Erfahrung sammle, lerne um Dich schauen!
  Tiefschauendem ergibt sich auch Vertrauen.
  Zu danken weiß, wer wirkt und baut.
  Das ewige Ich ist Deine Braut.

Mars: Mitleid und Mut erwächst aus Weh.
  Des Rechten Schützer sei. Besteh.

Jupiter: Zum König bist auch Du erhoben,
  wenn Sein und Sinn den Höchsten loben.

Saturn: Und jedem kommt des Lebens Truh'.
  Vom Weltenvater Rat und Ruh.

Der Engel: Bleibst Du bei uns noch in der Gnade Jahren,
  das Gnadenvolle, hilf es uns bewahren!

Die Dämone: Auch wir sind da und wachsen mit den
  wir kommen mit, Dämone alterfahren.   [Jahren,

Der Engel: Sagt wer Ihr seid. Zeigt Eure Ketten!
  Des Guten Götter werden uns erretten.

Mond-Dämon: Ich mäste mich an Eurer Weichlichkeit.

Mond: Wer Leben trägt, ist auch an Starkmut reich.

Merkur-Dämon: Tauscht immer. Stehlt so Gaben
  wie Motive.

Merkur: Du Kicherer denkst wohl, das Gewissen
  schliefe.

Venus-Dämon: Das Mystisch-Schwüle ist der Geilheit
  Dach.

Venus: Du ahnst es wohl, was in der Harfe wach.

Sonnen-Dämon: Das Vielerlei wird schließlich Grau
  in Grau.

Sonne: Frisch hält die Augen fromme Geistesschau.

Sonnen-Dämon: Erfahrung braut der Grausamkeiten
  Schmaus.

Sonne: Erfahrung baut der Liebe Sonnenhaus.

Sonnen-Dämon: Wer Häuser baut, lernt jedem zu
 mißtrauen.

Sonne: Das Kraut mißtraut nicht, wenn die Himmel
 tauen.

Mars-Dämon: Heh! Streitlust wecken Waffen, Wall
 und Wehre.

Mars: Mitleid und Achtung stehn für Fechters Ehre.

Jupiter-Dämon: Hoho. Tyrannenstolz jocht jede
 Weisheit roh.

Jupiter: Im heiligen Spiel thront Weisheit mild und
 froh.

Saturn-Dämon: Am Geiz stirbt Eures Sammelns
 wilde Wut.

Saturn: Sich mitzuteilen, macht den Reichtum gut.

Der Engel: Dank Euch, Dämone! Heilger Geist, erhelle
 am Abgrund uns des Lebensganges Schwelle,
 erhalte allen rein der Ewigen Ichheit Quelle!

Mit den Planeten-Lauten

Entsprechend einer Angabe von Rudolf Steiner für die Eurythmie
eignet dem Saturn: u; der Sonne: au; dem Monde: ei; dem Mars: e;
dem Merkur: i; dem Jupiter: o; der Venus: a.

Sonntag

Lauschen dem heiligen Tau auf den Auen,
brausendem Geiste im Innern vertrauen,
glaubend dem Lichte das Draußen bebauen:
treibt dir aus Hof und Haus
Trübsinn und krauses Herz hinaus.
Und im Blütenzauberstaub,
und aus Traube, Baum und Laub,
auch aus Staude, Strauch und Kraut,
spricht zu dir die Sonnenbraut.

Montag

Fährt die Seele in dem Mondenreiche
auf dem Silberteiche,
ist sie heilig noch.
Dann jedoch
steigt sie durch das Joch
der Geburt
in den Erdenleib.
Schon fiel der Entscheid,
ob als Mann oder Weib
ihr die Reise zu bereiten sei.

Und so ist sie alsbald nicht mehr frei.
Doch die Weihe will zugleich die heil'gen Zeichen
ihr mit ihrem Namen reichen,
daß sie weise
sei auf ihrer Reise.

Dienstag

Streitlust und Ehrgeiz dienen dem Sterben auf Erden. Wer nicht die Geistvertrauenskräfte in sich erregt, über dem bleibt das ewige Wesen wie ein fortwährendes Gerichtsschwert hängen.
Des Menschen Ehre ist es, zum Salze der Erde zu werden. Ein Wehrer dem Schlechten, ein Mehrer des Edlen, ein Retter bedrohten Lebens. Seine Rede und Gegenrede sei gerecht und herzenskräftig. So wird er dem Ewigen begegnen in seinem Wesen und von ihm gesegnet werden!

Mittwoch

Mittler zu sein des Lichtes aus dem Welteninnersten, das ins Menscheninnere seine Strahlen bricht, ist des Menschen tiefste Bestimmung. Giftig ist Geiz, der mit

gierigem Griff sich Besitztum sichern will, das doch
der Dieb verschlingt; und nicht sehr sinnvoll ist ge-
witzte Pfiffigkeit, die Listen spinnt. Nichts gilt dies
alles, wenn der Tod dir winkt. Friedlos der Betrüger
sinkt mit seinen goldnen Kisten ins Finstre. Aber auf
Zinnen des Lichts führt dich die Liebe, wenn im Herzen Friedmut regiert, der die Glieder beschwingt zu
flinker Hilfe, wo immer es wichtig ist. Und wichtig
ist sie immer, wo es gilt, verrostete Riegel zu rütteln
und Untat verbitterter Hirne zu hindern. Auf freien
Fittichen fliegt der Liebende hinter dem Tode zur
Sonne mit dem Siegel des Siegs.

Donnerstag

Wo Gedanken noch den andern stechen wollen, oder
sich frivol in sein Inneres bohren wollen, oder wo sie
stolz sich hervortun, oder voll Hohn sind, dort ist
Jovis Frohbotschaft von des Lichtes Weltenordnung
noch nicht vernommen worden. Jedoch Entkommen
aus Ohnmacht und Not des bloßen Verhängnisses
ward, wo im wogenden Strome des reinen Gedankens
der Logos erhorcht worden ist. Die denkend das Brot
der Frommheit genommen, denen lohnet der Gott,

der Weisheitthronende, im hohen Weltendome. Voran läßt er die Krone lohen dem Boote der geisterhobenen Erdgeborenen, die, vom Sonnensohn kommend, angezogen vom Chore der lobsingenden Weltenväter, suchen der großen Offenbarung Tor.

Freitag

Am Anfang war die Andacht. Und die Andacht gebar den Gesang und das magische Mantram, aber auch allerlei Arten kunstreicher Arbeit. Vor Gefahren des Abwegs in Wahn und Gram und Qual der Verhaftung an des Leibesseins Last bewahrt sich, wer den Bardensang und goldnen Harnischklang der schönheitwaltenden Gotteskraft ahnt. Warum zanken die Angstverkrampften, warum hasten die Haßerfüllten? Maßlos und fratzenhaft wird das Dasein denen, die vom Pfade der Liebe abfallen, mit dem Mantel des Grales aber wird der Schwanenritter angetan als Gast der Gottheit im Garten der Gaben.

Samstag

Kundig uralten Weistums wurdest du nun, ein mutvoller Bruder des Weltengrundes, o Mensch. Der du durch die dunkle Urne der Erdengruft in Wust und Schuld den Ruf des Guten empfunden und, suchend ein Urteil der Buße, die Furt gefunden zum Ufer der Ruhe, jenseits der Fluten. Unter dir gluten nun Ruhmsucht und Wut und Grausamkeit, Lust und Betrug und Dumpfheit des Wurmes. Wie der bunte Falter die Blume umschwebt, so wird zuletzt dem Guten im Wunderbuche der Natur der Gruß der Götter kund. In ihre Hut bewußt stuft er sich ein, um in heiligster Weltenstunde Bund und Schwur der Geistgeburt zu erneuern mit den Weltenurbeginnen.

Humoristischer Ausklang

Vom Mann, der an jedem Wochentag

nur mit dem demselben entsprechenden Leibesorgan

arbeiten wollte

Sehr geehrter Herr Verfasser,

da ich auf Grund ich weiß nicht was für eines Charakterzuges Bücher von hinten nach vorne lese, aber dabei manchmal nicht ganz bis zum Anfang vordringe, so habe ich leider die von Ihnen in so umständlicher Breite für wichtig gehaltene Verständigung des Bewußtseins mit sich selbst, mit der Sie anfangen, gar nicht gelesen. Als ich aber Ihre Planetensprüche las, fiel mir ein, daß dem Montag das Gehirn, dem Dienstag die Galle, dem Merkur die Lunge, dem Jupiter die Leber, der Freya die Niere, dem Saturn die Milz und dem Sonntag das Herz entspricht. Um es nun mittels eines konsequenten Divide et impera möglichst weit zu bringen, beschloß ich, an jedem Tage nur mit dem ihm zugeordneten inneren Leibesorgane zu leben. Ich arbeitete deshalb am Montag unbeweglich nur mit dem Gehirn, mit dem Ergebnis, daß meine Jüngste, die die Haushaltung führt, um 10 Uhr abends ins Zimmer polterte und sagte, sie hielte das so nicht mehr aus und sie hätte gut gekocht und ich hätte schon eine Stirn wie eine glasierte Nachteule. «Liebes Kind», sagte ich so sanft wie möglich, «deine Aufwallung gehört zum Dienstag. Wenn du bis zwölf Uhr warten willst, stehe ich gern zu Diensten.» Sie sah mich verdutzt an und ging, wahrscheinlich hatte meine Sanftmut sie entwaffnet.

Am Dienstag arbeitete ich nur mit der Galle. Die Stimme des Verstandes oder des Herzens verbannte ich wuterfüllt, indem ich behauptete, am Dienstag käme nur die Galle in Frage. Ich warf meine besten Freunde zum Zimmer hinaus, hatte hierauf schrecklich Mitleid mit meiner Verlassenheit und faßte alles in eine Vasen zerschlagende Wut über die entsetzlichen Zustände zusammen. Meine Tochter beschwor mich händeringend, Ruhe zu halten. «Samstag!» donnerte ich ihr entgegen, holte das altjapanische Ritterschwert von der Wand und zerschnitt damit den Vorhang zu meinem Schlafzimmer. Meine Tochter schrie: «Ich werde den Arzt holen!» Ich brüllte hinaus: «Das gehört doch zum Mittwoch erst!» und schlief als Krieger tief und gut nach des Tages heißen Schlachten.

Als meine Tochter am Mittwochmorgen unseren Hausarzt anrief, kam ich mit tänzelnden Schritten gerade dazu, nahm ihr mit liebenswürdigster Laune den Fernsprecher aus der Hand und bestellte den Boten Merkurs zu einem fünf Stunden entfernten Ausflugshaus. Ich hatte im Büro hinterlassen, daß man alle Geschäfte ohne mich tätigen könne, da ich heute nur mit der Lunge arbeitete. Ich genoß jedes Ein- und Ausatmen, unterhielt mich vorzüglich mit dem Arzt über moderne Verkehrsmittel und Weltwirtschaft und bat ihn, nach Hause ein paar beruhigende Worte durchzugeben. Es wäre alles sehr verbindlich zu Ende gegangen, wenn nicht eine dem Mittwoch gegenüber ganz unsachliche Unordentlichkeit der Seele mich ergriffen und ich ihn nach den Funktionen der Leber gefragt hätte. «Donnerstag!» sagte er. Ich glaubte, mich verhört zu haben: «Wie?» «Donnerstag!» sagte er so liebenswürdig wie möglich.

Ich schlug auf den Tisch: «Ja, zum Donnerwetter, haben Sie denn auch schon das Buch von den Wochentagen ...» «Wutausbrüche nur dienstags, bitte», unterbrach er mich und kokettierte mit einem schelmischen Drohfinger. Ich verbeugte mich höflichst und trat zu Fuß die Rückwanderung an, nachdem ich im stillen für diese Strecke, die ich ihm ja doch auch bezahlen mußte, auf seinen Kraftwagen gerechnet hatte. Ich atmete kräftig, um den Ärger loszuwerden, der ja tatsächlich nur zum Dienstag paßt, und fand zu Hause alles in freundlicher Stimmung vor. Der holde Bote des Merkur war da offenbar vorgefahren und hatte heilendes Öl gespendet. Dieser Tag war übrigens, wie sich bald erwies, trotz der hohen Arztrechnung mit Fernfahrtkosten ein gewinnbringender. Denn meine Vollmachten hatten die ganze freudige Findigkeit meiner Mitarbeiter erweckt.

Am Donnerstag war ich in Verlegenheit, und für den Samstag schwante mir noch Schlimmeres. Wie sollte ich es anstellen, ganz nur mit der Leber zu arbeiten? Zunächst bestellte ich gebratene Leber zum Frühstück, welches mein Hausministerium mir zu meinem Erstaunen großzügig genehmigte und feierlich servierte. Nach dem Frühstück versammelte ich mein ganzes

Personal und erteilte Anordnungen, die meiner Auffassung nach einen großen königlichen Geist atmeten. Über etliches lächerisches Zucken in den Mundwinkeln der mich würdevoll Umstehenden sah ich großzügig hinweg, was zweifellos sehr weise war. Nachher schritt ich in mein Arbeitszimmer, um im Allerweltsbuch den Artikel Leber nachzuschlagen. Aber meine Tochter kam dazu, nahm es mir aus der Hand und stellte es an seinen Platz zurück. «Samstag», sagte sie. Da fühlte ich was an meiner Leber nagen. Sie aber setzte sich zu mir und berichtete mir in großen Worten, daß kraft der königlichen Weltgedanken der Zeitenlenker die Zeiten sich erfüllt hätten, wo man aus der Leberschau das Gottwohlgefällige erkannt habe. Jetzt sei das alles in der Seele des Menschen drinnen, und man könne die Leber füglich in Ehren weise werden lassen, ohne an ihr herumzukneten. Wer aber aus den Weltideen einen selbstgenießerischen Kohl machte, dem ginge es wie Prometheus, dem ein Vogel die Leber zerhackte. Sie sagte wirklich «selbstgenießerischer Kohl», und ich fühlte es an meiner Leber nagen. «Kind», sprach ich, groß wie der Göttervater, «zerhacke nur du sie nicht mit deiner neuen Weisheit. Geh jetzt mit mir in die Zinn-

Ausstellung, damit wir unseren Überblick vervollständigen über das, was die Menschengeschöpfe vollbringen.» Sie sah mich etwas zweifelhaft an, ob ich mich wohl wirklich für den Göttervater hielte, ging mit und ließ es sich nicht nehmen, am Abend nochmals gebratene Leber zu kredenzen.

Wie schön war der Freitag, und wenn ich an ihn denke, erfaßt mich ein Sehnen nach meinem damaligen gehobenen Zustande. Alle Räume waren mit Rosen geschmückt, in die hinein Nachdrucke der schönsten Kunstwerke auf das zierlichste und angenehmste wie von Götterhänden hingehaucht waren. Die Venus von Milo zierte, von Rosen umrankt, meinen Schreibtisch, auf dem aber alles Schreibgerät weggeräumt war. Statt dessen lagen bunte Stifte und Kreiden da wie eine kleine Farbenorgel. Meine Tochter kleidete sich in ein sympathisches Grün, dessen schöner Faltenwurf die anmutige Gestalt zwar eher verbarg als hervorhob, aber um so schöner stand zu der lieben, reinen Seele. Es war mir klar, man hielt mich für nicht ganz normal und wollte mich heilen durch ein freundliches Eingehen auf meine Sparren. Da so viel Sinn in allem lag, ließ ich mir zunächst alles gefallen. Das weitere verlief aber dramatisch. Denn nachdem ich der Bilder und Rosen satt war, verfiel ich auf den Gedanken, den Rest des Tages über nur mit den Nieren zu arbeiten. So trank ich denn eine Kanne leichten Kräutertee um die andere. Eine Kolik brach aus. Der Arzt stellte fest: Ein Nierenstein hatte sich auf Wanderung gemacht und war schon halbwegs außer Leibes. Der Arzt verordnete: weitertrinken in heißem Bad. Ich fand das alles trotz meiner Schmerzen sehr befriedigend und beschloß nach endgültiger Befreiung von dem grimmigen Wanderer den Tag in dem wohlig-erschöpften Bewußtsein, daß ich wirklich mit den Nieren gearbeitet hatte.

Dagegen verlief der Samstag weniger aufregend. Ich mußte zu Bett liegen vor Erschöpfung und bat meine Tochter, mir den Artikel «Milz» vorzulesen, weil ich gern an diesem Tage nur mit der Milz arbeiten wollte. Sie hatte ihn schon bereitgelegt, aber ich wurde zu nichts davon inspiriert. Als sie ihn nochmals las, fiel mir bei der Stelle, daß die Milz die verschiedenen Rhythmen ausgleiche, ein, daß ich vielleicht mit der Milz arbeiten könnte, wenn ich heute ganz unregelmäßig äße. Meine Wünsche wurden zögernd, mit Verspätung und trägen Schrittes befolgt. Das Ergebnis war eine am Abend einsetzende, nicht näher

zu schildernde Revolte meines Leibes, so daß ich vor
Elend zu sterben meinte. Man hob mir stärkende
Riechstoffe vor die Nase, und da ich nun schon einmal
halber tot war: ich hörte jeden Geruch in einem anderen Rhythmus klingen. Ich sagte: «Das alles unter
einen Hut zu bringen, mag der Milz nicht leichtfal-
len.» Ich wurde zwar nicht verstanden, ward aber
von einem ungeheuren Respekt vor der Würde dieses
geheimnisvollen Organs ergriffen.
Am Sonntag war mir nachgerade schon etwas fraglich, ob ich beschließen solle, nur mit dem Herz zu
arbeiten. Das wohlwollend dummdreiste Mitmachen
meiner Einfälle durch den Arzt und meine Tochter
stimmten mich etwas verlegen. Aber ich wollte das
doch ausprobieren. Etwas fraglich war mir auch, ob
ich noch ein Herz besäße. Denn ich hatte es doch
schon lange meiner verstorbenen Frau und meinen
Kindern geschenkt. Also wo es sich befinde, war mir
nicht gewiß. Aber daß es mich antreibe, noch manche
wertvolle Erfahrung in der Welt zu machen, das war
mir klar. Ich konnte meiner Tochter entwischen und
pendelte, so gut es eben ging in meinem geschwächten
Zustande, den unteren Uferweg an unserem Flusse ent-
lang, in der Hoffnung, Menschen zu finden und mein

Herz arbeiten zu lassen. Ich kam gerade dazu, wie ein kleiner Bursche an einem schönen Perserkater eine scheußliche Grausamkeit begehen wollte. Er suchte das Weite, und ich konnte das arme Tier, das schon mehrere Verletzungen hatte, so weit beruhigen, daß es sich mit nach Hause nehmen ließ. Vom jenseitigen Ufer des Flusses aber winkte mir eine weißgekleidete Frau, die den Vorgang anscheinend beobachtet hatte, sehr herzlich und freundlich zu. Ich konnte ihr meinerseits nur einige bewundernde Blicke zuwerfen, denn ich mußte mit beiden Händen den Kater festhalten. Doch welch wahrhaft spürbares Entsetzen sollte mich überkommen, als bei der nächsten Hecke mir plötzlich derbe Stockschläge auf den Rücken prasselten. «Hab ich dich endlich», brüllte ein wütender Alter mich an, « okkulter Schmalzknödel; wage noch einmal, deine hypnotischen Blicke nach der Loge zu werfen und mir Paulines Sympathien zu rauben ...» Ich sah, daß er hinkte, und hielt es für aussichtsreich, nicht nur aus Leibeskräften « au! au! » zu rufen, sondern aus ganzer Herzenskraft davonzulaufen. Wo die breite Straße einbiegt, begegnete ich unserem Heldentenor, dessen magische Stimme alle Herzen verzauberte und dessen weltanschauliche Neigung zur übersinnlichen Welt bekannt war. War der hinkende Alte vielleicht der Gatte der schönen, weißen Frau? Entsetzlich. An der nächsten Straßenkreuzung aber ließen plötzlich zwei alte Tanten die Regenschirme fallen und kreischten händeringend: «Er hat unseren Kater gestohlen!» «Mittwoch!» schrie ich ihnen nach, «ich stehle nur mittwochs!» Sie stolperten über ihre Schirme, mir aber setzten mehrere Passanten nach, und ich entkam mit knapper Not einer heulenden Rotte, der auch der Alte nachhinkte. Als dann zu Hause der Schutzmann kam, donnerte ich ihn an mit einem herzhaften: «Dienstag!», aber er ließ sich nicht abschrecken, und ich mußte ausführlich Rede stehen. Zuletzt lachte er und versprach mir, bei den Tanten sich dafür einzusetzen, daß ich den Kater bis zu seiner Genesung behalten dürfte. Wegen der Prügel des Alten könne ich Strafanzeige erstatten. Arme, weiße Frau! Das Wort vom okkulten Schmalzknödel rührte mich weiter zunächst nicht, da ich nicht singe und keinen Knödel im Hals habe. Aber ich merkte doch bald, daß mir das vom okkulten Schmalz auch sehr auf dem Herzen lag. Ich fühlte, wie den ganzen Tag mein Herz heftig klopfte, und konnte nicht daran zweifeln, daß ich damit gearbeitet hatte.

Am Montagmorgen sagte ich zu meiner Tochter so sanft wie möglich: «Weißt du, das mit der glasierten Nachteule war doch zu schön. Ich muß heute wieder das Gehirn arbeiten lassen.» «Entschuldige nur», antwortete sie, «aber da wußte ich ja noch nicht ...» «Du meinst, daß ich total ...» Aber ich sprach das Wort auch nicht aus. Am Nachmittag um drei Uhr erschien sie bei mir mit dem Arzt: «Noch ein Dienstag wie der letzte ist für alle Beteiligten ganz unmöglich. In einer halben Stunde reisen wir ab. Ich habe alles schon gepackt. Den Kater nehmen wir mit.» «Reise? Arzt? Am Montag?» sagte ich, «unmöglich!» «In diesem Falle», erwiderte der Arzt, «vertreten wir die Mutter der Welt, die Sie zum besten mahnt.» Ich fühlte, daß beide dachten: Du bist ja total ... Ich antwortete deshalb laut: «Ja, etwas erholungsbedürftig fühle ich mich schon.» Der Name des Arztes und des Heimes, den man mir nannte, flößte mir Vertrauen ein, und ich hoffte, daß er mich von meiner Narrheit heilen könne.

Das ging schneller, als wir alle gedacht hatten. «Und auf welche Weise haben Sie das Buch von den Wochentagen gelesen?» «Von hinten bis über die Mitte nach vorne zu.» «Sehen Sie! Lesen Sie es jetzt umgekehrt. Dann schalten Sie, ehe Sie gegen die Mitte zu kommen, noch etwas Studium Johann Gottlieb Fichtes ein oder sämtlicher Werke Hegels. Inzwischen werden wir Ihre überanstrengte und pflegebedürftige Leiblichkeit etwas in Obhut nehmen, dann soll es mich doch wundern, wenn nicht die sieben Zacken, die Sie sich haben wachsen lassen, wieder ganz dünne werden. Aber was das allein schon Feilen kosten wird, sie abzufeilen.» Er lachte, und ich lachte auch. Eine solche Sprache gefiel mir. «Vielleicht», fügte er noch hinzu, «steckt auch ein Poet in Ihnen, der sich einmal ein paar Tage lang das Leben etwas interessant machen wollte. Aber Genüsse soll man nicht ertrotzen. Man muß warten können, bis sie einem in Gnaden vom Schicksal geschenkt werden.»

Ich weiß, daß ich der inneren Tiefe und Gesundheit dieses Arztes und meiner Tochter, die sich übrigens am letzten Freitag entsprechend den diesem Wochentage zukommenden Wirkkräften mit dem Hausarzt verlobt hat, die Wiedererlangung meines Gleichgewichtes verdanke, wie andrerseits den Verfasser jenes Buches, das ich gar nicht gründlich gelesen habe, keine «Schuld» trifft. Wollen Sie aber, sehr geehrter Herr, dem Sinn Ihrer Leser für das Drastische etwas zu-

trauen und an meinem inzwischen ausgeheilten Wahne
ein Exempel statuieren, so stelle ich Ihnen diesen
Brief gern zur Verfügung, Ihnen und dem frommen
Sinne aller Menschenfreunde ...

WERKE VON F. DOLDINGER

Das Asyl

Dem Andenken an den Dichter Joseph von Auffenberg
47 Seiten, eine Tafel, kartoniert
Verlagsauslieferungen Martin Sandkühler, Stuttgart

Goethe

Stufengänge und Überblicke
XIV, 138 Seiten, Leinen

Tinkepuhle

Erzählungen
142 Seiten, kartoniert
Ernst Busch Verlag, Bad Liebenzell

Kaiser Julian der Sonnenbekenner

83 Seiten, kartoniert

Die Zukunft wird geboren

Dramatisches Spiel
56 Seiten, kartoniert
Verlag Freies Geistesleben, Stuttgart

Goldumglänzter im Feuer-Gefährt

Eine Auswahl aus den Gedichten
103 Seiten, Leinen

Die Insel der Verzeihenden

Dramatisches Spiel in drei Aufzügen
57 Seiten, kartoniert

Weltenwacht

Erzählungen
149 Seiten, Leinen

VERLAG URACHHAUS STUTTGART